中国南方电网有限责任公司
电网工程造价专业培训教材

从历史视角看
计价模式及管理

邹贵林　主编

中国电力出版社
CHINA ELECTRIC POWER PRESS

图书在版编目（CIP）数据

从历史视角看计价模式及管理 / 邹贵林主编. —北京：中国电力出版社，2021.12
中国南方电网有限责任公司电网工程造价专业培训教材
ISBN 978-7-5198-6314-2

Ⅰ.①从… Ⅱ.①邹… Ⅲ.①电力工程–工程造价–技术培训–教材 Ⅳ.①F407.61

中国版本图书馆 CIP 数据核字（2021）第 263460 号

出版发行：中国电力出版社
地　　址：北京市东城区北京站西街 19 号（邮政编码 100005）
网　　址：http://www.cepp.sgcc.com.cn
责任编辑：岳　璐（010-63412339）
责任校对：黄　蓓　朱丽芳
装帧设计：郝晓燕
责任印制：石　雷

印　　刷：北京九天鸿程印刷有限责任公司
版　　次：2021 年 12 月第一版
印　　次：2021 年 12 月北京第一次印刷
开　　本：710 毫米×1000 毫米　16 开本
印　　张：7.75
字　　数：91 千字
印　　数：0001—1000 册
定　　价：40.00 元

版　权　专　有　　侵　权　必　究
本书如有印装质量问题，我社营销中心负责退换

编委会

主　　编	邹贵林			
副 主 编	文上勇	吴良峥	王俊刚	
参编人员	余泽远	刘江敏	万正东	乔慧婷
	谭　毅	罗　涛	陈　雯	黄　琰
	韦　波	冯开健	张继钢	梁燕妮
	林志友	赵春霞		

中国南方电网有限责任公司电网工程造价专业培训教材——从历史视角看计价模式及管理

前　　言

根据考古发现，五千年前，我们的祖先就能够建造较大规模的宫殿和小规模城市。史书记载，我国工程建设大约也可追溯到五千年前——大禹治水，人类聚居之后总是伴随着与洪涝灾害作斗争，现在依然如此。有迹可考最久远的大型防御工程——长城大约可以追溯到西周时期。这些是古代人民与大自然或外敌斗争的成果，经过长期的工程经验和教训积累，通过试错或创新等方法逐步产生了技术规范。古代大型工程往往需要筹集大量的劳动力，开展工程建造，或采集、制造建筑材料，由此逐步积累了人工消耗的测算经验，并产生了徭役制度，如果测算不准确，频繁征用或徭役闲置都会产生不稳定因素。可以说，先有工程，才有技术规范，以及人工测算规范，我们姑且称其为古代定额。其与现代定额有相通性，只是古代定额仅包含人工消耗，相对简单。随着技术进步和社会分工发展，产生替代人力的机械和材料交易市场，以人工、材料、机械为基础的现代定额就产生了。市场经济进一步发展，自发形成价格并配置资源的能力增强，成熟的价格形成机制必将成为计价模式的主流。

本书首次从历史视角对国内外工程计价模式发展历程、电力行业计价模式发展历程、南方电网造价工作发展历程等进行全面梳理与思考，分析其发展脉络，总结古今中外可借鉴的经验和不足，有利于启发相关人员思考、提升主动解决问题能力，为业内专家学者在推动造价专业发展方面提供参考。结合国内工程造价改革有关工作方向及指导意见，考虑"两区一港"战略定位与发展需求，提出了未来造价模式改革的五大方向，有利于充分发挥工程造价管理在提升电力工程效益中的基础性作用,切实维护电力市场秩序和各参与方合法权益,促进电力行业工程造价管理的健康、可持续发展。

本书是《中国南方电网有限责任公司电网工程造价专业培训教材》系列之一,能够为从业人员了解工程计价模式及管理的历史沿革和发展方向提供便利,为从业人员在南方区域电网工程建设执业提供参考,有利于提升电网技经人员的综合素质。

编 者

2021 年 11 月

中国南方电网有限责任公司电网工程造价专业培训教材——从历史视角看计价模式及管理

目 录

前言

第 1 章 国内工程计价模式发展历程 1

    1.1 春秋战国时期 1

    1.2 隋唐时期 4

    1.3 宋元时期 6

    1.4 明清时期 9

    1.5 民国时期 12

    1.6 新中国成立至今 17

    1.7 本章小结 25

第 2 章 主要工程计价模式 27

    2.1 英国计价模式 28

    2.2 美国计价模式 33

    2.3 日本计价模式 37

    2.4 中国香港计价模式 41

    2.5 本章小结 45

第 3 章 电力行业计价模式发展历程 46

    3.1 社会主义革命和建设时期 46

3.2 改革开放和社会主义现代化建设新时期 …………………………… 48

3.3 中国特色社会主义新时代 …………………………………………… 56

3.4 本章小结 ……………………………………………………………… 61

第 4 章 南方电网造价管理工作发展历程 …………………………… 62

4.1 管理机构成立及探索时期（2002—2009 年）……………………… 63

4.2 持续规范及创新发展时期（2010 年至今）………………………… 65

4.3 本章小结 ……………………………………………………………… 75

第 5 章 "两区一港"造价模式改革方向 …………………………… 76

5.1 适应新形势的工程造价改革 ………………………………………… 76

5.2 探索全过程造价管控发展模式 ……………………………………… 83

5.3 推广应用工程量清单计价 …………………………………………… 88

5.4 构建数字造价管理体系 ……………………………………………… 92

5.5 建立工程造价指标指数 ……………………………………………… 98

5.6 创新造价人才队伍管理 ……………………………………………… 105

5.7 本章小结 ……………………………………………………………… 108

参考文献 ……………………………………………………………………… 110

中国南方电网有限责任公司电网工程造价专业培训教材——
从历史视角看计价模式及管理

第 1 章　国内工程计价模式发展历程

中华民族勤劳勇敢，富有创造力，在几千年文明发展历程中创造了大量不朽工程，举世瞩目的有秦长城、都江堰、隋大运河、明清的故宫等。还有大量工程被战争或自然力量毁坏，湮没在历史的尘埃中。工程建设需消耗大量人力和材料，以及采用不同方案试错、比选，大禹治水就是试错之后的正确选择。经过长时间技术经济方面的经验积累，再经有心之人的归纳、整理，逐步形成了工程计价模式的初始形态——古代定额。

1.1　春秋战国时期

据我国春秋战国时期的科学技术名著《考工记》中"匠人为沟洫"记载，"凡沟防，必一日先深之以为式，里为式，然后可以傅众力"，意思是说，"凡修筑沟渠堤防，一定要先以匠人一天修筑的进度为参照，再以一里工程所需的匠人数和天数来预算这个工程的劳力，然后方可调配人力，进行施工"。这是中国有记录的最早的工程预算（人工测算）与施工控制方法。

《考工记》出于《周礼》，是中国春秋战国时期记述官营手工业各工种规范和制造工艺的文献。书中保留有大量的手工业生产技术、工艺美术资料，记载了一系列的生产管理和营建制度，在一定程度上反映了当时的思想观念。该书在中国科技史、工艺美术史、文化史及造价史上都占有重要地位。

全书约 7100 余字，涵盖了木工、金工、皮革工、染色工、玉工、陶工等六大类 30 个工种，反映出当时中国所达到的科技及工艺水平。此外《考工记》还有数学、地理学、力学、声学、建筑学等多方面的知识和经验总结。

关于《考工记》的作者和成书年代，长期以来学术界都有不同看法。有学者认为，《考工记》是齐国官书（齐国政府制定的用于指导、监督和考核官府手工业、工匠劳动制度的书），作者为稷下学宫的学者。春秋时期，管仲任政于齐，管仲把富民放在首位，在发展农业的同时，积极扶持手工等副业的发展。与其他诸侯国"重农抑商"的思想不同，管仲还十分重视工商业的地位和作用，经过改革，齐国手工业蓬勃发展，经济发展带来技术进步和管理创新，《考工记》便是在此背景下产生的。《考工记》的主体内容编纂于春秋末至战国初，部分内容补于战国中晚期。

以下为《考工记》部分内容摘录：

【原文】

桃氏为剑，腊广二寸有半寸，两从半之。以其腊广为之茎围，长倍之，中其茎，设其后。参分其腊广，去一以为首广，而围之。身长五其茎长，重九锊，谓之上制，上士服之。身长四其茎长，重七锊，谓之中制，中士服之。身长三其茎长，重五锊，谓之下制，下士服之。

【译文】

桃氏制作剑。剑的腊（两刃）宽二寸半，两从的宽度各占一半。以腊的宽度作为茎（剑柄）的围长，茎的长度则比围长加一倍。在茎的中间部分，设置（用绳缠的）后。把腊的宽度分成三等分，去掉一等分作为剑首的直径，而据此制作剑首的围长。剑的身长是茎长的五倍，重九锊（古代质量单位，一锊约合六两），称为上制，上等身材的勇士佩用它；剑的身长是茎长的四倍，重七锊，称为中制，中等身材的勇士佩用它；剑的身长是茎长的三倍，重五锊，称为下制，下等身材的勇士佩用它。

以上文字是工匠制作剑的工艺流程，体现了当时民间十分重视工具的制造和改进、重视发展生产力的思想。《考工记》还记述了一些古代建筑的施工制度，如"匠人"本为木工工种，因其技术复杂，是施工的关键，因此长期以来在我国建筑工程中成为领班的工种，负责全面工作。后代有些工匠甚至提拔为负责工部的官吏。例如明朝建筑匠师蒯祥，世袭工匠之职，参与了北京宫城的营建，正统年间，蒯祥官至工部左侍郎。嘉靖年间，徐杲参加北京前三殿和西苑永寿宫的重建，得到赏识而直接提拔为工部尚书，这在工匠史上空前绝后。

公元前 256 年，战国时期秦国蜀郡太守李冰率众建造都江堰水利工程，该工程主要由编户齐民承担劳役完成，修建者多达十万人，耗时 18 年。修建之初，经过实地勘查，李冰决定凿穿玉垒山引水，那时距离东汉火药的发明还有几百年，由于用铁具凿、挖、撬，工程进度极其缓慢，李冰根据老民工的建议利用热胀冷缩的原理，和上万民工在岩石上开槽，然后在槽里填满柴草，点火燃烧后浇水使岩石爆裂，大大加快了开凿的进度。经过 8 年多时间，他们终于在玉垒山凿出了一个宽 20m、高 40m、长 80m 的山口，由于这个山口的形状酷似瓶口，故取名为"宝瓶口"，玉垒山被分离出来的石堆则被叫作"离堆"。除了开凿宝瓶口以外，李冰还采取了在江心中构筑分水堰的办法，把江水分为两支，逼使其中一支流进宝瓶口。在修筑分水堰的过程中，一开始采用在江心抛石筑堰的办法，但是筑起的石堰接连几次都被洪水冲垮了，没有成功。李冰受到当地人用竹子盖房、编竹笼盛东西的启示，于是就让竹工把竹子加工成长两丈、宽二尺的大竹笼，再用它装满鹅卵石，然后一个一个地沉入江底，终于战胜了急流的江水，筑成了分水大堤。

后人为工程的维护和长久的使用作了考虑，制定了岁修制度，历朝历代也都投入经费加以整修维护。元朝时由于损毁严重，还进行了特修，时任四川肃政廉访使吉当普用了 5 个月时间，动员石工和铁匠 700 人、木工 250 人、普工（包括军工）3900 人，开山取石百余万条，用石灰 6 万多斤、桐油 3 万多斤、铁 65 000 斤、麻 5000 斤，耗用粮食 1000 余石，人工和材料费用共计 49 000 串钱。在清嘉庆三年（1798 年），都江堰进行岁修，开始于初冬枯水季节，至腊月初九完工。岁修范围包括从渠首人字堤起至省城西门外金沙堰以及成都的护城河，还包括江安、通济等堰。岁修经费开支以银结算，共用一千九百二十七两九钱三分六厘。都江堰水利工程至今依旧在灌溉田畴，是造福人民的伟大水利工程。该工程在设计和施工阶段应用了技术和管理创新措施，为人类工程建造技术进步做出巨大贡献，是古代劳动人民的宝贵遗产。

关于该时期的雇佣人工价格：由于春秋战国时期诸侯国林立，各国之间货币不相统一，因此主要使用实物来支付雇佣人工报酬，包括支付粮食、布帛和提供食宿等，货币报酬是一种补充形式。《包山楚简》中记载"陈悬、宋献为王煮盐于海，受屯二担之食，金圣二圣。"说的是楚王聘请齐国的煮盐技师，给他们每人每月所发的饮食和酬金就是"二担之食，金圣二圣"。随着商品经济进一步发展，使用货币支付雇佣人工报酬的情况逐渐增多，但是实物报酬仍然是劳动者不会拒绝的支付方式。

1.2 隋唐时期

为加强对江南地区的控制，解决军粮运输问题，便于应对北方少数民族的威胁，隋炀帝修建了大运河，分为四段：通济渠、邗沟、永济渠、江南运河。

隋朝开凿运河工程，耗时较短、规模空前。大业元年至六年（605—610年），隋炀帝动用百万百姓，疏浚之前众多王朝开凿留下的河道，贯通大运河，工程涉及土方约6亿m^3，共征发徭役360万人，同时又从五家抽一人供应民工的伙食炊事，派出五万名彪形大汉作为监工，人力耗费巨大。此后，唐宋长期开凿、疏浚、整修运河，使得大运河可以继续使用。

唐武德八年（625年），王孝通撰《辑古算经》，是中国古代数学著作之一，天文学家李淳风为之作注，该书主要讨论土木工程和水利工程中修造观象台、修筑堤坝、开挖沟渠以及建造仓廪和地窖等施工计算问题，反映了当时开凿运河、修筑长城和大规模城市建设等土木和水利工程施工计算的实际需要。据《辑古算经》记载，我国唐朝时期就已经有了夯筑城台的定额——"功"，主要记录了用工的数量，可视为当时夯筑城台的劳动定额。如部分摘录："假令筑龙尾堤，…，甲县二千三百七十五人，乙县二千三百七十八人，丙县五千二百四十七人。各人程功常积一尺九寸八分，一日役毕，三县共筑。"

《大唐六典》是唐朝时期的另一本著作，著成于唐开元（713—740年）时期，由唐玄宗李隆基撰，李林甫等注，书中所定制度、规程，当时并未完全实行，但唐人议论典章、仪制时，每加引用。该书提出按四季分工，根据不同季节工作时长差异界定春秋季为中工，夏季为长工，冬季为短工，在"功"的基础上进一步区分了人工的类型。此外，《大唐六典》还对一些工效问题进行了阐述，如"乘传者日四驿，乘驿者六驿"，就是说一天的运输距离，乘传是指驿站用四匹下等马拉车，乘驿是用驿站上等马拉车。《辑古算经》内页见图1-1。

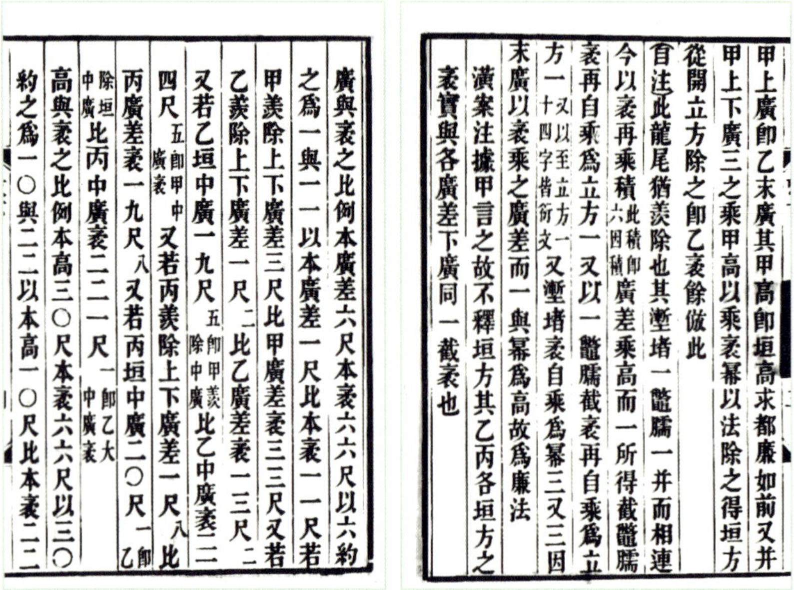
廣與袤之比例本廣差六尺本袤六六尺以六約
之爲一與一一以本廣差一尺比本袤一一尺若
甲羨除上下廣差三尺比甲廣差袤三三尺又若
乙羨除上下廣差一尺二比乙廣差袤一三尺二
又若乙垣中廣一九尺五卽甲羨除中廣比乙中廣袤二二
四尺五卽甲中廣袤又若丙羨除上下廣差一尺八比
丙廣差袤一九尺八又若丙垣中廣二〇尺一卽乙
除垣中廣比丙中廣袤二二一尺一卽乙大中廣袤
高與袤之比例本高三〇尺本袤六六尺以三〇
約之爲一〇與二二以本高一〇尺比本袤二二

甲上廣卽乙末廣其甲高卽垣高求都廉如前又并
甲上下廣三之乘甲高以乘袤冪以法除之得垣方
從開立方除之卽乙袤餘倣此
𦔮注此龍尾猶羨除也其塹堵一鼈臑一并而相連
今以袤再乘積此積卽六因積廣差乘高而一所得截鼈臑
袤再自乘爲立方一又以一鼈臑截袤再自乘爲立
方一又以至立方一十四字皆衍文又塹堵袤自乘爲冪三又三因
末廣以袤乘之廣差而一與冪爲高故爲廉法
潢案注據甲言之故不釋垣方其乙丙各垣方之
袤實與各廣差下廣同一截袤也

图 1–1 《缉古算经》内页

唐朝是我国古代经济社会发展的一个高峰时期，在此期间，雇佣人工在社会各个领域逐渐普遍化，主要包括农业、手工业、运输、公共工程和杂役等行业。唐朝实行的是“钱帛兼行”（帛是绢的代称）的主辅币制，因此允许以绢代钱进行支付。政府雇佣人工价格的计算方式大都采用计时方式，有计日、计月之分，一般政府工匠是计日工资，如《新唐书》卷四六《百官志》称：“（凡工匠）廉者日为绢三尺”，译为：工匠一日的劳动可以获得三尺绢。在唐朝 1.4 石米价值为 1 匹绢，折算后三尺绢可以购买 11 斤米。此外，由于工作性质特殊并为计算方便起见，在运输方面有时也有计件工资的情形。

1.3 宋元时期

到了北宋时期（宋徽宗崇宁二年，1103 年），专门管理宫室营造的将作监主簿李诫，在两浙工匠喻皓《木经》的基础上编纂了一部在中国建筑史上具有重要意义的建筑规范——《营造法式》，图样见图1-2。该书汇集了北宋以前建筑造价管理技术的精华，书中所提"料例"和"功限"，可理解为我们现在所说的"材料消耗定额"和"劳动消耗定额"。这是人类采用定额进行工程计价管理最早的明文规定和文字记录之一，可以视作当时官方发布的建筑工程技术规范和定额，也相当于宋朝建筑专业的标准设计和典型造价。

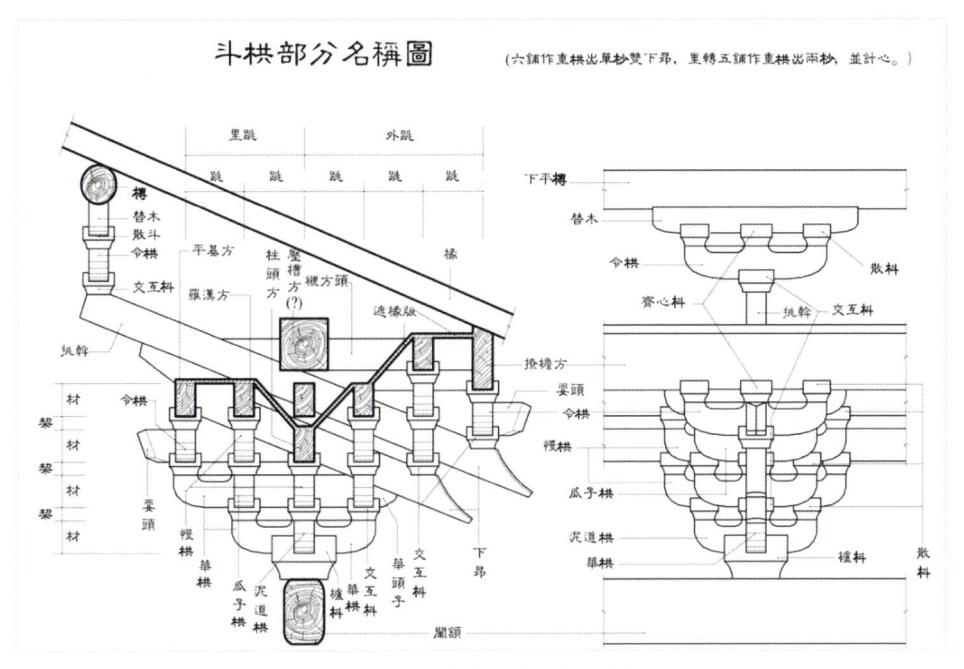

图1-2 《营造法式》图样

《营造法式》在建筑结构设计中首次提出了模数概念，"凡构屋之制，皆以材为祖，材有八等，度屋之大小因而用之""各以其材之广分为十五分，以十分为其厚。凡屋宇之高深、名物之短长、曲直举折之势、规矩绳墨之宜，皆以所用材之分以为制度焉"。意为在设计工作之先，选定一种截面为3:2的方料作为标准用材，把材高分为十五份，厚度分为十份。房屋的规模、各部分的比例、各个构件的长短、截面大小、外观形象等各类尺寸都是以"份"的倍数表示的，所谓"份"就是基本模数。然后"材"又分为八等具体截面尺寸，根据建筑的等第分别选用相宜的材等。当建造房屋时，只需要提出所需规模的大小，就能够确定应该用几等材，然后按照建筑平面和立面形式以及各类结构构件规定的"份"数，推导出其详细的具体尺寸，进行设计、安排工料等。这样，一项复杂的建筑工程便可以在短时间内完成，在没有大量专业设计人员的古代中国，这无疑是一种提高工效的便捷途径，在结构设计上也兼具了一定的科学性。《营造法式》提出的施工制度、功限、条例和图样，将当时和前代工匠的建筑经验进行系统化、理论化体现，是进行建筑工程不可缺少的实用手册。

宋朝时期不乏把技术与经济相结合大幅度降低工程造价的实例，北宋大臣丁谓在主持修复被大火烧毁的汴京宫殿时提出的"一举三得"方案就是一个典型案例。当时修复工程浩大，任务繁重，出现了三个问题：一是取土困难，因为取土的路途较为遥远；二是运土以及运输其他材料问题；三是皇宫修复后废砖烂瓦的处理问题。丁谓经过周密的分析研究，采取了如下方案：先把皇宫前的大街挖成若干条深沟，利用挖出来的土做原料烧砖；再从城外把汴河水引进新挖出来的大水沟里，让大批建筑材料以水运直接抵达宫殿门外；等到新宫殿修建成功以后，用工地的废墟和渣土等填平河沟，就地处理废砖烂瓦，重新修复原来的大街。这样的方案不仅取得了一举三得的效果，还节省了大量时间和资金，在当时的工程建设及造价管理方面都是较为先进的案例。

关于该时期的雇佣工人价格情况如下：受宋朝商品经济的冲击，农民阶级的分化加速，为雇佣制的发展提供了劳动力来源。当时雇佣人工的范围很广泛，农业生产、官私手工业生产、商业经营、私人家庭都使用雇工。南宋淳熙年间，民间佣工的日薪多为一百文钱，时任临海县令的彭仲刚说"农工商贩之家，朝得百金，暮必尽用"，这是当时人工市场上的均衡工资水平。南宋时期一斗米的价格为 100 文，佣工每日 100 文，可以购买 12 斤米。

1.4 明清时期

中国建筑科学发展到明清时期，达到了一个新的高度。同样，它的成就集中地表现在一部学术价值很高的建筑专著上，这部著作就是清工部编写的专讲建筑营造质量与工料标准的《工程做法》，该书成于清雍正十二年（1734 年），是主要应用于宫廷营建的坛庙、宫殿、陵寝、仓库、城垣、寺庙、王府等工程的施工标准与规范。全书共七十四卷，共分木作工料、石作工料、瓦作工料、搭材作工料、土作工料、油作工料、画作工料、裱作工料等八类，各项做活标准、做法、计工、用料及物料价格、工价等均予开列说明。与《营造法式》相比，《工程做法》更着重设计尺度的具体做法，就是古代建筑术语上所说的"程式"与"事例"，尤其在建筑装饰方面超出了前代，代表明清建筑装饰工艺的发达与精细程度。

节选《工程做法》部分内容，其中卷二十八"斗科各项尺寸做法"中对斗口尺寸有如下规定：

凡算斗科上升、斗、拱、翘等件，长短、高厚尺寸，俱以平身科迎面安翘昂斗口宽尺寸为法核算。斗口有头等才（材），二等才，以至十一等才之分。头等才迎面安翘昂斗口宽六寸，二等才斗口宽五寸五分，自三等才以至十一等才各递减五分，即得斗口尺寸。

由上文可知：斗拱各名件尺寸，皆以斗口尺寸为法核算；斗口用材从头等材至十一等材，共计十一个等级；十一个等级之间的级差为半寸，即五分进制。除卷二十八外，卷四十九"斗科用料"、卷五十七"斗科油作用料"、卷五十九"斗科画作用料"、卷六十二"斗科木作用工"、卷七十一"斗科油作用工"、卷七十三"斗科画作用工",为各类斗拱自斗口一寸至六寸按十等级核算的工料定额。

随着建筑规范的标准化,明清时期出现"算房"职业,算房指专门从事计价工作的人,明朝算房多为皇家效力,为皇帝做大型宫廷建筑提供建筑约估、建筑销算等工作。清朝的算房工作主要服务于两个公共部门,一个是工部营缮司料估所,另一个就是内务府营造司销算房。而内务府营造司销算房主要负责皇家工程,分为两个部门,一是样式房,主要负责工程的设计;二是销算房,主要工作是根据样本收集对应工料,然后查看记录在册的物价簿,做出对应的约估。约估工作实际上类似于现在的估算、概算工作。过程中还有勘估、销算等具体工作,勘估大臣就是要去现场进行验工计价工作。颐和园重修工程估算表(部分)见表1-1。

表1-1　　　　　　　颐和园重修工程估算表(部分)

编号	建筑群	项目	面积(m²)	总造价(两)	造价(两/m²)	备注
1	排云殿	中路建筑	3286.01	372 798.29	113.45	按三世佛大殿计算
2		东西值房	704.50	17 887.26	25.39	按仁寿殿南北配殿后库房计算
3	清华轩	建筑	1308.31	88 180.94	67.40	按无尽意轩计算
4		装修		7849.86	6.00	按排云殿的30%计算
5		西库房	189.40	4808.87	25.39	按仁寿殿南北配殿后库房计算
6	介寿堂	建筑	1186.50	79 975.49	67.40	按无尽意轩计算
7		装修		7119.00	6.00	按排云殿组群的30%计算
8		东值房	190.30	4831.72	25.39	按仁寿殿南北配殿后库房计算
9	宝云阁	建筑	587.69	66 673.43	113.45	按三世佛大殿计算
10		装修		2350.76	4.00	按排云殿组群的20%计算

光绪二十年（1894年），清王朝在重修颐和园时，当时的"算房"编制了颐和园中许多工程的《做法钱粮底册》或《工料银两细册》，这些"底册"或"细册"，是"算房"根据样式房的设计而做出的用工、用料、用银的估算，相当于我们现在的预算，估算虽然不等于用银的实际数字，但是二者之间相差不大。

从建管单位的角度来看，明朝修建坛庙宫殿等大工程均由"内官"估算，实际上是宦官掌权，《两宫鼎建记》或《冬官纪事》虽是贺仲轼为父鸣冤而著，但对明朝宫廷建筑管理流程和费用核算作了阐述，反映了宦官当权和工程腐败的乱象。清朝则由工部营缮司料估所和内务府营造司销算房主管工料估算，但在工程的估算、报销方面均须有内务府参与其事，内务府大臣均由满族大员担任，特大的工程则设总理工程事务处，由御前大臣和内务府大臣主管。如清朝权臣和珅在乾隆朝就曾主管此事多年。

与此同时，农村出现了大量的雇佣工人，有长年被雇佣的长工，有按季佣工的短工，有按月受值的月工，有临时受雇的日工，反映出当时劳动力性质的多样化。

清朝时期是中国传统产业技术的大总结时期，技术标准化方面也有了全面总结，具体表现便是大量匠作则例文本的出现，使产业技术标准化呈现出"则例化"（标准化）特征。《匠作则例》相当于当时的工程或生产定额，主要用作计量，目前市面可见最有名的是20世纪60年代由王世襄老先生收集、整理、编制而成的《清代匠作则例汇编》。该书囊括官营作坊、内廷匠作所规定的工艺规范和用料定例，具体反映了手工业生产过程、分工、管理、检验制度和物料价格等。

《匠作则例》中用料、规格、用工等内容都有明确而详细的技术指标。以金砖为例，它可详细划分为贰尺金砖和柒尺金砖，主要用于宫殿建筑材料、宫殿室内墁地等建筑方面。清朝所使用的贰尺金砖规格为 640mm×640mm×

96mm，砍净后的规格为糙砖尺寸扣去 10～30mm，所得为 630mm×630mm×86mm。在每使用 1 块金砖的情况下需要搭配使用 7 觚白灰，每个砖需要砍砖匠 1 名，每块墁地需瓦匠 0.25 人。在建筑图纸设计精确后按照比例能够精确地测算出实际建筑尺寸，进而确定出所需贰尺金砖数目、所需工匠数量及所用白灰量。从当今视角来看，这已经是较为成熟的消耗量定额模式。

关于该时期的雇佣工人价格：由于明清时期商品经济正处于由小商品经济向资本主义商品经济转变的阶段，在这个阶段，封建经济已经开始瓦解，新的生产方式的萌芽已经出现，它要求劳动力必然也必须成为商品。计时工资制是明清时期雇工工价所采取的主要形式，明朝后期，雇佣人工的日工资为银二分至五分不等，明朝一两银子可以购买二石大米，银二分可购买约 15 斤米；清朝手工业雇工的年工资自 5000 文至 12 000 文不等，平均为 8000 文，每日约为 40 文，可以购买 10 斤米。在明清劳动力市场上，已经形成了市场人工价格，市场人工价格主要是根据每天市场上劳动力的供求关系而上下波动的，这是明清劳动力市场发展的主要标志。例如清朝档案中记载：乾隆三十年（1765 年）七月，直隶房山县田满生受雇于杨生儿家作工，当时"言明每日照市价给制钱四十文，按日给发"。一日田满生作工完了领工钱时，杨生儿照旧仍给制钱四十文，田满生说："今日市价工钱是五十五个大钱！"要求杨生儿加添。反映了劳动力市场价格的存在和市场价格的变化。

1.5 民国时期

1912 年初，孙中山颁布《中华民国临时政府中央行政各部及其权限》，中央共设置 9 个部门，其中内务部的主要职能之一是管理本部工程的预算、结算费用以及地方工程建设款项和其他项目支出款项。

民国 8—26 年（1919—1937 年），近代建筑业在上海发展到顶峰，出现了大型百货公司、大型饭店、高级影剧院，以及花园洋房、高层公寓等。如民国 23 年建成的国际饭店，保持远东最高建筑的纪录达 48 年之久，是现代派代表性建筑。但当时很多建筑及造价管理多采用西方模式，由中国自主设计及建造管理的较少。

1938 年，国民政府颁布《建筑法》，对全国的建筑活动管理进行了法制化，这部法规规定了建筑师执照制度的施行。由于全国性质的法规颁布推广未有前例，因此在法规实施的过程中，出现了一些法规条文理论高于实际的情况。如关于设计费用的问题，颁布时期处于战乱期间，物资匮乏、物价上涨、通货膨胀，故在设计期间预算的报价与实际建成的造价相差甚远，引发的纠纷不断。因此，若无稳定的政治经济环境，法规的执行就是一纸空文。

下面以民国政府时期国立武汉大学珞珈山新校舍建设的预算数据说明当时的造价管理情况。1928 年，蔡元培最初请款时，提出关于校舍建设经费的计划"预计建筑设备费约需百万元至百五十万元……此项临时费，势不能不就地筹拨。李君等在武汉时，曾商之政治分会及鄂省政府诸公，均表赞成，并允援助"，意为建设预算约在 100 万～150 万元之间，对于这一耗资不菲的新校舍预算，南京政府方面当时无法拿出钱来支持此项宏伟计划，需要从桂系当局控制的两湖地区国税收入中筹拨。待校舍建筑设备委员会正式成立并在省建设厅召开第一次常会时，对于这笔新校舍建设款项的具体用途和筹拨办法，有了明确的计划"建筑费一百万元；设备费五十万元，其中分为图书、仪器两项，每项约各占一半……由国税项下支给，但在中央国家费支绌时期，暂由湖北省库借拨半数；于建筑设备委员会成立后一月内尽先共拨出四十万元，第二月内共拨二十万元，嗣后每月共拨十万元，按照前条分担比例拨付"。与此同时，对于这 150 万元预算的具体内容，建筑设备委员会也拟出了一份较为详细的《建筑设备费预算概书》，将这笔经费分配到了每一项具体的建设工程中，并将建筑费和设备费分别列出了预算数，见表 1-2。

表 1-2　国立武汉大学建筑设备委员会建筑设备费预算概书（节选）

科　目	预算数（单位：元）		备　注
大礼堂	120 000	建筑费：90 000	
		设备费：30 000	
办公房屋	60 000	建筑费：40 000	
		设备费：20 000	
图书馆	170 000	建筑费：130 000	建设及设备可防火
		设备费：40 000	
体育馆	40 000	建筑费：30 000	含游艺室、音乐室
		设备费：10 000	
动力室	60 000	建筑费：20 000	暂置燃油发电机一台
		设备费：40 000	
自来水塔	40 000	建筑费：15 000	
		设备费：25 000	
……	……	……	……
		……	
总计	1 500 000	建筑费：1 000 000	
		设备费：500 000	

注：数据来源于《国立武汉大学一览（中华民国十八年度）》，国立武汉大学秘书处编，1929 年。

在这份预算概书中，基本涵盖了国立武汉大学新校舍的全部工程，不仅文、法、理、工四大学院和大礼堂、图书馆、体育馆、运动场、男女生宿舍、教职员住宅等主要建筑悉数涵盖在内，水电设施、实习工厂、园林绿化、市政建设、购地测量等各类杂项费用也全部囊括。

然而，后来实际建设的情况，逐步暴露出这是一份严重低估了实际支出的预算。1937年夏，珞珈山新校舍建设因抗战爆发而骤然停工，在校园内尚有多项重要工程未能兴建或完工之时，已完成各项建设所花去的资金数额，早已超过了当初这份预算的数倍。据校方资料统计，截至1937年底，珞珈山新校舍仅一期建设全部花去的总费用"在400余万元至500万元之数"。这说明当时的造价管理及工程计价工作，仅具备了雏形，前期决策和设计阶段的科学性不足，为后续工程的开展带来了重重困难。

该时期对后世影响深远的专著成果是梁思成先生收集、整理、编制而成的《营造算例》，其内容并不涵盖民国时期的建筑案例，主要还是以总结清朝"官式"建筑为主，对各部分名称、比例、功用和做法进行注释，以及标示建筑物立面、剖面和局部详图的图版和实物照片等。

《营造算例》所附的几十张图版全部印刷在硬卡纸上，描摹细致，其中彩画部分的彩图尤其精致，色泽鲜艳，比之现在的电脑排版有过之而无不及。《营造算例》较清《工程做法》《匠作则例》而言，更注重标列尺寸方面的原则性，在权衡比例上有计算的程式，体例较清朝两本专著更为合用。所以后人认为《营造算例》最大的学术价值在于通过算法可推算出构件的形状、尺寸和相互之间的关系，以进行建筑术语的释读及推算复原作图，把中国数字记录的方式图解化，使建筑术语与施工做法更有利于被行业以外及后世人所认识。

关于该时期的雇佣人工价格：随着中华民国的建立和第一次世界大战的爆发，中国的近代工业在民族资本主义工业和外国帝国主义在华投资规模的不断扩大下进一步发展，除传统工业外，化工、电气等民族新兴工业逐渐形成和发展，工商业发展的同时带来了对人工的大量需求，人工价格有所上涨。但不同岗位、不同性质、不同企业的工资差异明显；同一企业、不同部门、不同工种的工资差异也较大。

根据1933年实业部劳工司的调查数据显示，1933年全国各行业工人中，电气工人月工资30元左右，造船工人月工资33元左右，制钉工人月工资37.5元左右，这三个行业都是具有技术含量且为近代新兴的行业，其他大部分行业人工价格均在19元以下。该时期，工人除工资外，还有勤续奖金、加班津贴、每月奖金、年终奖金、出品奖金等。当时上海的物价水平为：大米，每公斤8分；猪肉，每公斤2角。工人日工资大约0.6元，可购买15斤米或6斤猪肉。如果一个家庭有两个及以上的人出去做工，那么生活条件会稍好。若一个家庭四五口人的生活只靠一个普通工人的工资来维持，那生活就变得困苦不堪，温饱就会存在问题。

沈阳市在民国26年（1937年）时，1000块红砖13.23元，1袋水泥1.325元，民国时期物价水平受战争影响较大，在民国37年（1948年），受到战争影响，交通物流不畅，1月份一般物价平均比1947年12月份上涨24%~70%不等，二月份涨势放缓。建筑材料也是如此，出现了大幅度的涨幅，具体见图1-3。

品 名	单位	基价民国26年1月6日	价 势 民国37年 一月份	价 势 民国37年 二月份	品目别指数 民国37年 一月份	基期价格=1 民国37年 二月份
35 南京火柴	大箱(40包)	7.80	935,333	1,630,476	119,914	209,035
金属电料类指数						
36 1号生铁	1吨	56.25	400,000	400,000	7,111	7,111
37 6分径圆铁	1吨	255.80	1,600,000	1,600,000	6,255	6,255
38 1/4×6×3铁板	1吨	311.20	1,650,000	1,650,000	5,302	5,302
39 中等紫铜锭	1吨	400.00	2,600,000	2,600,000	6,500	6,500
40 国货60度灯泡	1打	3.00	57,167	61,238	19,056	20,413
建筑材料类指数						
41 自松木料	1立方公米	34.782	634,273	719,057	18,236	20,673
42 松木板	1立方公米	43.065	664,882	735,333	15,439	17,075
43 红砖	1000块	13.23	147,394	200,000	11,141	15,117
44 马牌水泥	1袋	1.325	32,867	33,000	24,805	24,906
45 中等石灰	100市斤	0.694	14,786	16,000	21,306	23,055
杂项类指数						
46 中等白报纸	1领(500张)	10.54	208,591	206,667	19,790	19,608
47 60磅模造纸	1领(500张)	21.08	416,758	426,667	19,770	20,240
48 大象香烟	1箱(5万支)	310.595	6,228,939	9,980,238	20,055	32,133
49 咖啡黄烟	1箱(5万支)	215.691	4,945,455	9,086,905	22,928	42,129
50 中等黄烟	100市斤	16.38	737,273	1,150,000	45,011	71,208
51 裏光洗衣皂	1箱(120块)	4.28	203,600	280,476	42,241	58,196
52 中等锐麻	100市斤	20.508	556,424	712,857	27,132	34,760
53 绿绒麻袋	100条	49.229	1,656,667	1,542,857	33,658	31,436
54 新品豆饼	100块	204.157	3,232,425	3,164,286	15,832	15,499
55 6寸青踏鞋	1篓(80市斤)	178.254	9,962,724	8,731,409	55,887	48,980

图1-3 沈阳市物价情况

1.6 新中国成立至今

1.6.1 新中国成立和社会主义基本制度的确立时期

新中国成立初期，面临着严峻的经济形势，为了迅速恢复国民经济，国家将投资重心放在交通和水利等基础设施、能源和原材料等重点领域以及与人民生活息息相关的农业和纺织等行业。至 1952 年，在财政支出当中，经济建设费第一次超过了国防费用。

但新中国成立初期的基本建设存在没有经济核算、单凭热情和愿望即行施工的现象，使国家的建设资金蒙受损失，造成较大的浪费。例如很多非生产性的建设，如大礼堂、办公楼、宿舍、俱乐部等修建得过多、过好、过早；铁道部在四川绵阳的一个小车站，不但铺了 14 股道，而且修了 11 个厕所；有些企业连必要的宿舍、卫生所、食堂和学校都还没有解决好，而另有些企业已经开始大搞俱乐部、休养所、运动场、绿化区等高级福利设施。到 1952 年，这一现象得到认识，政府颁布了《基本建设工作暂行办法》，明确了基本建设的方针和程序，并责成原中央建筑工程部在 1953 年内提出各种建筑的单位定额，以及提出施工单位按工程总量财务预算的 2.5%提取利润等要求。

1953 年开始执行发展国民经济的第一个五年计划。"一五"计划中的一项基本任务就是以苏联帮助我国建设的 156 个项目为中心，以发展重工业为主，建立我国社会主义工业化的初步基础。在接受苏联援建 156 个项目的同时，引进苏联基本建设预算和预算定额的经验和做法也成了水到渠成的事情。

我们可以通过作者述凡编译的《苏联基本建设预算制度的设计预算与计划》了解苏联预算定额的使用情况。

内容摘录：“一九三六年以前，苏联编制预算书是根据《全苏建筑工程材料及劳动力消耗定额手册》（预算定额）；从一九三六年起，开始实行编制预算的新程序，根据《一九三六年建筑工程统一产量定额》颁布了《一九三六年预算手册》。一九三七年，为了进一步简化预算工作，对一九三六年的预算手册进行了很大的修改，编制了《扩大预算定额手册》。”从上述摘录中可了解苏联预算定额的应用与发展情况。

1955年，国家建设委员会编制了《1955年度建设工程设计预算定额（草案）》，发至中央各部、各大区财委征求意见，并由各单位自行决定试用，这是我国第一本建设工程设计预算定额。摘录该定额中“砖基础及墙”项目见图1－4。

24 磚基礎及墻

工程內容：1.墻基：防潮層以下，墊基以上之砌磚，包括本工作全部操作過程。

2.墻身：防潮層以上（包括門窗口立邊、窗台虎頭磚、墻腰線、挑簷墻身部分及墻壓頂等）之內外墻身全部操作過程。

每10立方公尺實砌體

順序號	項目	單位	墻基		墻身					
					二層以下建築物					
					一磚半以下			一磚半及一磚半以上		
			二層以下建築物	三層以上建築物	平墻	帶藝術形式		平墻	帶藝術形式	
						普通及中等	複雜		普通及中等	複雜
			1	2	3	4	5	6	7	8
1	砌磚工	工日	2.68	2.68	4.48	4.77	5.15	3.75	4.00	4.32
2	普通工	工日	4.11	4.05	6.67	7.10	7.67	6.68	7.11	7.68
	合計	工日	6.79	6.73	11.15	11.87	12.82	10.43	11.11	12.00
	折合一般工	工日	9.40	9.31	16.66	17.74	19.16	14.90	15.85	17.15
3	紅（青）磚	塊	5342	5342	5431	5458	5485	5355	5382	5409
4	50號砂漿	立方公尺	—	(2.51)	—	—	—	—	—	—
5	25號砂漿	立方公尺	(2.51)	—	—	—	—	—	—	—
6	1:2.5石灰砂漿	立方公尺	—	—	(2.41)	(2.41)	(2.41)	(2.50)	(2.50)	(2.50)
7	200號水泥	公斤	472	891	—	—	—	—	—	—
8	砂	立方公尺	2.66	2.66	2.39	2.39	2.39	2.48	2.48	2.48
9	生石灰	公斤	167	—	561	561	561	582	582	582
	石灰膏	立方公尺	(0.279)		(0.935)	(0.935)	(0.935)	(0.970)	(0.970)	(0.970)
10	水	立方公尺	3.8	3.8	4.0	4.0	4.0	4.0	4.0	4.0
	重量	噸	18.92	18.19	18.23	18.37	18.51	18.18	18.32	18.46
	基價	千元	2,902.64	3,090.82	2,825.09	2,848.45	2,875.59	2,785.74	2,808.66	2,834.46
	地區價格	千元								

图1－4 《1955年度建设工程设计预算定额（草案）》内容摘录

同年，国家建设委员会又颁发《1955年度建筑工程概算指标（草案）》，这两项草案的意义重大，不仅填补了国内概预算定额的空白，满足了国家基本建设概预算管理的需要，还为今后通过实践修订概预算定额打下了良好的基础。1955年时我国的职工年平均工资为527元，每日工资约为1.8元，大米0.13元/斤，猪肉0.30元/斤，国内经济形势继续向好，物价基本稳定，工人生活水平逐步提高。

1956年，国家建设委员会在已有《1955年度建设工程设计预算定额（草案）》的基础上，根据1956年度建筑安装工程统一施工定额、建筑安装工程施工及验收暂行技术规范、标准设计及其他技术经济资料等，进行了全面的修订与补充，编制形成《建筑工程预算定额》，这是我国第一部正式的建筑工程预算定额依据，并从1957年1月1日开始执行。随着定额依据的建立，我国的工程预算工作也逐渐起步。

1.6.2　社会主义建设的艰辛探索和曲折发展时期

1958年开始，由于受冒进思想的影响，经济领域中的"左"倾思潮盛行，追求高指标、高积累，放弃实事求是，违背有计划按比例的发展规律。1958—1966年，概预算定额管理逐渐被削弱，建设投资只算政治账，不算经济账，投资撒手之风滋长，工程投资基本处于难以控制的状态。

1958年，中国的"大跃进"之风已经鼓动起来，而中苏关系却趋于恶化，当年中共中央提出要在经济建设方面有所突破，要搞几个经典工程，向世界证实中国的新面貌，人民大会堂就是其中之一。1958年10月28日破土动工，1959年8月31日交付使用，这座建筑面积17.18万m^2，象征中国最高权力的恢弘殿堂，仅仅用了304天，就在天安门广场西侧拔地而起。工程浩大的大会堂工程，共需挖掘土方430 000m^3以上，浇铸钢筋混凝土127 000m^3以上，钢结构使用型钢3600t以上，使用大理石、花岗石、水磨石和剁斧石

170 000m² 以上，琉璃瓦 23 000m² 以上。当时是计划经济，建筑材料和机具设备都由国家统一调拨。据统计，参与人民大会堂建设的劳动大军共计 30 万人次。23 个省、市的 200 多家工厂，为人民大会堂赶制了大批设备和材料成品，其造价至今无法估计。

1961 年，党中央提出"调整、巩固、充实、提高"八字方针，决定对国民经济实行调整，强调建章立制，其中也包括了基本建设概预算制度。1962 年，当时的建筑工程部又正式修订颁发《全国建筑安装工程统一劳动定额》，才逐步恢复定额制度。

"文化大革命"的到来，打乱了"三五"计划。刚刚建立起的工程造价管理体系遭到严重破坏，各级建设工程造价管理机构被"砸烂"。从 1967 年开始，原建设工业部直属企业实行"经常费"制度，即工程无须概预算、财务核算实报实销、施工企业无须成本控制、吃大锅饭，国家投资难以管控。

1972 年，在总结经验教训的基础上，我国重新恢复建设单位与施工单位之间按施工图预算结算的制度。同年，国务院批准试行国家计划委员会、国家建设委员会、财政部《关于加强基本建设管理的几项意见》，强调"设计必须有概算，施工必须有预算，没有编好初步设计和工程概算的建设项目，不能列入年度基本建设计划"，提出"努力降低工程造价，积极进行基本建设投资大包干试点"。

1958—1977 年，我国的概预算管理制度由被削弱到逐渐恢复，经历了曲折的发展，但也为我国的建设项目概预算管理积累了大量的经验和教训。

1.6.3　改革开放的起步与开创中国特色社会主义时期

1978 年，国家计划委员会、国家建设委员会、财政部发布《关于加强基本建设概、预、决算管理工作的几项规定》，其中规定："① 采用三阶段设计的，技术设计阶段必须编制修正总概算。单位工程开工前，必须编制出施工图预算。建设项目或单项工程竣工后，必须及时编制竣工决算。② 设计概算由设计单位负责编制。③ 施工图预算由施工单位负责编制。④ 竣工决算由建设单位负责编制。⑤ 要坚决纠正施工图设计不算经济账的倾向。"

该时期计价定额的管理体制和机制也得到了逐步恢复和发展。国家编制并修订颁发了《建筑安装工程统一劳动定额》《全国统一建筑工程基础定额》《全国统一安装工程预算定额》等几十种定额，使得概预算制度和定额管理再度发展起来。在国家的带领下，各工业部门和各级地方政府陆续发布定额。

1985年，国家计划委员会、中国人民建设银行发布《关于改进工程建设概预算定额管理工作的若干规定》（计标〔1985〕352号），其中指出"对于实行招标承包制的工程，施工企业投标报价时，对各项定额可以适当浮动"。

1988年，国家计划委员会颁发《关于控制建设工程造价的若干规定》（计标〔1988〕30号），其中明确提出"工程造价的确定必须考虑影响造价的动态因素""为充分发挥市场机制、竞争机制的作用，促使施工企业提高经营管理水平，对于实行招标承包制的工程，将原施工管理费和远途施工增加费、计划利润等费率改为竞争性费率"。

1978—1991年，在恢复计价定额的管理体制和机制的基础上，我国开始不断推进和发展概预算定额管理工作：1978年加强了基本建设概、预、决算管理，也陆续制定和发布了全国定额；1985年为适应市场化，提出改进定额管理工作，定额可以适当浮动；1988年更进一步考虑市场因素，改变了原有的费率标准。该时期是在新中国成立后我国工程计价工作重要的发展时期。

1.6.4 深化改革开放和把中国特色社会主义推向 21 世纪时期

1992 年，党的十四大提出"我国经济体制改革的目标是建立社会主义市场经济体制"，定额预算的体制也随即提出改革要求。1993 年，建设部、国家体改委、国务院经贸办《关于发布全民所有制建筑安装企业转换经营体制实施办法的通知》中指出"对工程项目的不同投资来源或工程类别，实行在计划利润基础上的差别利润率"。

1999 年，建设部颁发《建设工程施工发承包价格管理暂行规定》（建标〔1999〕1 号），其中第十六条指出："编制标底、投标报价和编制施工图预算时，采用的要素价格应当反应当时市场价格水平，若采用现行预算定额基价计算应充分考虑基价的基础单价与当时市场价格的价差。"

2001 年，建设部发布第 107 号令《建设工程施工发包与承包计价管理办法》，其中第七条"投标报价应当依据企业定额和市场价格信息，并按照国务院和省、自治区、直辖市人民政府建设行政主管部门发布的工程造价计价办法进行编制"；第十三条"发承包双方在确定合同价时，应当考虑市场环境和生产要素价格变化对合同价的影响"。

建设部对传统的预算定额模式提出了"控制量、指导价、竞争费"的基本改革思路。各地在编制新预算定额的基础上，明确规定预算定额单价中的材料、人工、机械价格均作为编制期的基期价，并定期发布当月市场价格信息进行动态指导，在规定的幅度内予以调整，同时在引入竞争机制方面做了新的尝试。事实上，这一模式仍是现在国内工程投标和预决算编制的主要方式。

从当时的国内实践来看，三峡工程首次提出了"静态控制、动态管理"的投资管理思想，这也是水利系统内部针对水利工程建设投资出现的失控情况，为解决"决算超预算、预算超概算、概算超估算"的"三超"问题,而在工程建设中积极推行的控制投资造价的管理办法。这一思想在以后的白石水库、大朝山水电、尼尔基水利枢纽、小湾电站等水电重点建设工程中得到了应用和推广。三峡工程以 1993 年 5 月末价格水平为基准,批复静态投资概算合计 1352.66 亿元,按照物价和利率等影响因素测算,动态总投资合计 2485.37 亿元。2013 年审计署公布长江三峡工程竣工财务决算草案审计结果,三峡工程财务决算总金额为 2078.73 亿元,投资控制良好。

从实际运作过程看,三峡工程投资的"静态控制、动态管理"还是比较初步的,其静态控制指工程建设全过程中完成的投资额不得突破以某一年价格水平编制的概算静态总投资,它是投资得到有效管理和控制的基础,但并不是指从源头上使工程所需实物量更加合理。其动态管理主要是对构成工程总投资中的价差和利息(融资费用)的管理,是狭义上的动态管理,而实际工程投资管理中可能包含着更多的内容。

1.6.5　全面建设小康社会和坚持发展中国特色社会主义时期

为探索工程量清单计价在我国建设工程招投标中的可行性,及时总结经验,建设部标准定额司在广东、吉林、天津等地进行了工程量清单计价的试点工作,按照"统一计价规则,有效控制消耗量,适时发布市场价格,正确引导企业报价,市场有序竞争形成造价"的原则进行了改革尝试,取得了明显的成效。

为规范建设工程工程量清单计价行为,建立全国统一的工程量清单计价规则,全面推行工程量清单计价工作,2002 年建设部标准定额司组织有关方面的专家开展了《工程量清单计价规范》的编制工作,2003 年建设部与国家质量监督检验检疫总局以国家标准的形式发布了《建设工程工程量清单计价规范》(GB 50500—2003)，于 2003 年 7 月 1 日起实施。对于全部使用国有资金投资或以国有资金投资为主的大中型建设工程应执行此规范，并实行工程量清单报价。

国家工程量清单计价规范的发布，标志着我国建设工程造价由政府定价向市场定价的转变，其核心是企业自主报价。《建设工程工程量清单计价规范》(GB 50500—2003)的发布实施，在我国的工程计价发展历程中具有里程碑式的意义。自此，我国的工程造价就形成了定额计价和工程量清单计价共存的双轨制工程计价模式。为了更好地推进清单计价模式的使用，相关部门陆续颁布了主要材料价格、措施费用、招投标管理办法等制度或规范。

1.6.6　中国特色社会主义进入新时代时期

2013 年，十八届三中全会提出"使市场在资源配置中起决定性作用"，次年 9 月，住房城乡建设部颁发《关于进一步推进工程造价管理改革的指导意见》，指出"逐步统一各行业、各地区的工程计价规则，以工程量清单为核心，构建科学合理的工程计价依据"。

为贯彻落实党中央、国务院关于推进建筑业高质量发展的决策部署，坚持市场在资源配置中的决定性作用，进一步推进工程造价市场化改革，2020 年 7 月，住房和城乡建设部发布《工程造价改革工作方案》(建办标〔2020〕38 号)，决定在全国房地产开发项目以及北京市、浙江省、湖北省、广东省、广西壮族自治区有条件的国有资金投资的房屋建筑、市政公用工程项目中进行工程造价改革试点。

在国内造价改革发展的同时，工程造价行业与国际机构的合作交流也逐渐增加。英国皇家特许测量师学会（Royal Institution of Chartered Surveyors，RICS）

是全球广泛认可的世界顶级专业性学会之一，其国际通用执业标准在欧美及澳洲被强制要求，在亚、非、中东及拉美部分国家也得到广泛认可。自 2017 年起，中国电力企业联合会、中估联行不动产估价联盟等多家国内机构获得 RICS 规管公司认证，标志着国内咨询机构所提供的咨询服务成果文件也逐渐被国际广泛承认。

美国造价工程师协会（American Association of Cost Engineers，AACE）是成本估算师、成本工程师、项目经理、项目控制专家以及成本工程领域人员的专业协会组织（非营利性专业协会），并为其提供专业的服务，涵盖成本工程、成本估算、计划和进度、决策和风险管理、项目管理、成本/进度控制、索赔、增值管理等，目前全球约有 7500 多名会员，分布 87 个国家和地区。2017 年，AACE 全球主席向中国电力企业联合会电力发展研究院授予了 AACE 团体会员资质，并协助我国行业内优秀电力工程造价人员加入 AACE。

当前处于深化改革开放、加快完善社会主义市场经济体制以及"十三五"和"十四五"起承转合的重要历史阶段，工程造价行业更需要抓住改革机遇、深化改革、适应改革。未来将更加重视数据资源，掌握数据思维并拥抱数据，以实现"清单计量、市场询价、自主报价、竞争定价"新的工程计价方式，进一步完善工程造价市场形成机制。

1.7 本章小结

本章主要介绍了我国工程计价模式的发展情况，从春秋战国时期的《考工记》，到隋唐时期的《辑古算经》、宋元时期的《营造法式》、明清时期的《工程做法》，再到民国时期的《营造算例》，以及新中国成立后至今六大重要发展阶段。

工人的工资和标准从春秋战国的实物支付，到隋唐的三尺绢（11 斤米）、宋元的 100 文（12 斤米）、明清的 40 文（10 斤米）、民国的 0.6 元（15 斤米）以及新中国成立初期的 1.8 元（14 斤米）逐渐演变和发展，见图 1-5，总体上工人工资水平是向上增长的，侧面反映了技术的进步以及生产效率的不断提高，但也会因各个时期的情况不同而有所波动，例如明清时期人口大幅度增加，导致工人供应数量增加，造成收入相对有所下降，而新中国成立初期百废待兴，经济不稳，国家尚有战事，造成物价水平较高，因此收入相对也有所下降，但改革开放后由于我国经济的快速发展，工人工资水平出现了大幅度的提升。本章内容充分阐述了我国计价发展与改革的历程，也为未来的发展指明了方向。

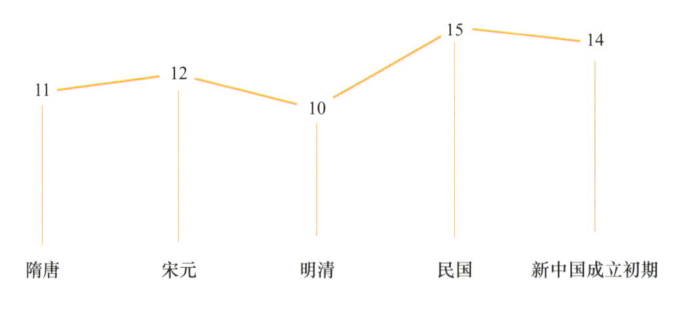

图 1-5　工人工资水平变化情况

第2章 主要工程计价模式

目前在国际工程造价领域内主要存在三种计价模式：一种是以英国为代表的工料测量（quantity surveying，QS）体系；一种是北美的造价工程管理（cost engineering，CE）体系；还有一种是日本的工程积算制度。**英国、美国、日本、中国香港计价模式比较**见表 2-1。

表 2-1　英国、美国、日本、中国香港计价模式比较

地区	工程计价方法	工程分项	工程量计算规则	消耗量标准	价格标准
英国	工程测量	依照统一的工程量计算规则划分工程分项	依据英国皇家特许测量师学会《建筑工程工程量标准计算规则》和英国土木工程师学会《土木工程工程量标准计算规则》计算工程量		依据政府部门颁发的造价指标、物价指数和有关统计资料、刊物定期登载的有关国内外的工程造价资料、私人公司编制的工程造价和价目表、有关专业学会和联合会所属情报机构颁发的造价资料、高等院校的建筑研究院部门发表的研究资料、专业技术图书馆提供的各种造价资料进行计价
美国	工程估价	美国建筑标准协会发布的两套成本编码系统（标准格式和部位单价格式）将工程进行分项划分，应用于几乎所有的建筑工程和一般的承办工程	无统一的定额和详细的工程量计算规则。估价人员一般选用行业协会、学会、相关组织、机构、大型工程咨询顾问公司、政府有关部门出版的大量商业出版物和数据库进行估价，美国各地政府也在对上述资料综合分析的基础上定时发布工程成本指南，供社会参考		
日本	工程积算	依据建筑积算研究会制定的《建筑工程工程量清单标准式》进行工程分项	依据建筑积算研究会编制的《建筑数量积算基准》计算工程量。该基准被政府公共工程和民间工程广泛采用	由公共建筑协会编制的《建设省建筑工程积算基准》中的"建筑工程标准定额"，对于每一细目以列表的形式列明材料、劳务、机械的消耗量及其他费用	依据经济调查会和建设物价调查会出版的定期刊物和网站以及其他信息渠道获得的市场信息计价

续表

地区	工程计价方法	工程分项	工程量计算规则	消耗量标准	价格标准
中国香港	工程测量	依照统一的工程量计算规则划分工程分项	依据《香港建筑工程工程量计算规则》计算工程量		依据过往工程项目的具体成交价、市场价、厂商报价及测量师的经验价等。特区政府统计处和建造商会每月会公布材料和劳工工资平均价格信息

英国、美国、日本计价的共同特点就是采用自由市场模式的计价方式，即统一工程分项的划分方法，统一工程量的计算规格。但北美的造价工程管理体系没有规定统一的计算规则，由相关行业人员在大量出版物和数据库中估价，企业按自身条件确定消耗量标准，按市场价格确定工程造价，即"统一量，放开价"。

这三种计价模式在发达国家使用比较普遍，也已经有了相当长的历史，基本满足了国家工程经济的要求，它们充分体现了市场经济的特点和要求，发挥了市场主体双方在建设产品及家中的主观能动性，真实体现了市场定价。本章将对英国、美国、日本的计价模式分别进行介绍，此外还将对中国香港地区的计价模式现状进行介绍，以期为大陆地区研究计价模式拓宽思路。

2.1 英国计价模式

2.1.1 造价管理发展历程

英国是工程量清单计价的发源地，其工料测量至今已有 400 多年的历史，其工程造价管理模式广泛为英联邦国家采用，并对世界范围内的工程造价产生了广泛的影响。从 16 世纪开始，英国出现了工程项目管理专业分工的细化，工料测量师这一从事工程项目造价确定和控制的专门职业在英国诞生了。这时的工料测量师是在工程设计和工程完工以后才去测量工程量和估算工程造价的。到19世纪，以英国为首的资本主义国家在工程建设中开始推行项目的招投标制度，随着人们对工程造价确定和工程造价控制的理论和方法的不断深入研究，工程造价管理作为一种专门的学科首先在英国诞生了。英国在1868年经皇家批准后成立了皇家特许测量师协会（RICS），标志着现代工程造价管理专业的正式诞生。

英国没有国家属性的计价定额或标准，而是逐步形成了工程量计量规则。1905年，RICS编制出版《建筑工程工程量计算规则》（Standard method of measurement of building works，SMM），成为全英统一的建筑工程工程量计算规则，用于规范参与建设各方的行为。RICS还编制、颁发了一系列行为规范、规定、标准或计算规则，与SMM共同构成了全英工程造价管理技术体系。其中SMM经过多次修订、完善，目前已经更新到第七版，为工程量的计算、计价工作及工程造价管理提供了科学化、规范化的基础。

到20世纪80年代末和20世纪90年代初，人们对工程造价管理理论与实践的研究进入了综合与集成的阶段，开始了对工程造价管理进行更为深入而全面的研究。以英国工程造价管理学界为主，提出了"全生命周期造价管理（life cycle costing，LCC）"的工程项目投资评估与造价管理的理论与方法。RICS为促进这一先进的工程造价管理的理论与方法的研究、完善和提高付出了很大的努力。

英国中央政府的建设管理由运输地方政府区域部负责，贸工部和劳工部从各自角度出发也同时参与管理。另外，还有许多政府的代理机构及社会团体组织参与建设管理，其中与工程造价直接相关的是RICS，是实施对工程造价的计价和管理的民间专业组织，在国际项目中具有很高的声誉。RICS中最大的一个分会叫工料测量师分会，工料测量就是对工程建设中的用工与材料进行测算和计量，并进行监控。

在地方上，英国分为郡级和市镇级两级政府，均设有建设主管部门。其中最主要的是市镇级，主要依据法规对建设活动实施具体的管理，郡级的建设主管部门仅对该地区建设活动进行宏观控制。

2.1.2 计价方式与依据

英国的工程项目采用"量""价"分离，"量"有章可循，"价"为市场化的基本计价模式，这种体制及其相应招投标制度为英联邦国家所广泛采用。英国的工程项目没有计价定额和标准，只有统一的工程量计算规则，工程造价由业主和承包商在中介机构的协助下，依据法定的标准计算方法，并参照政府和各类咨询机构发布的造价指数、价格信息指标等信息来进行控制。在英国，根据建设项目投资主体的不同分为公共建设项目和私人建设项目，两者有不同的计价和招投标方式。

工程量清单是英国工程项目计价与招投标活动的重要依据和基础，其作为招标初始阶段由招标方提供的工程量参考，一般与合同条款、图纸及技术规范同时提供；其主要作用是为参加竞标者提供一个平等的报价基础。工程量清单中的计价方法一般分为两类：一类是按单价计价，另一类是按项包干计算。工程量清单一般由五部分构成，即开办费、分部工程概要、工程量部分、暂定金额和主要成本汇总。工程量清单的编写应力尽详尽，以方便承包商报价。英国工程计价依据构成见图2-1。

第2章 主要工程计价模式

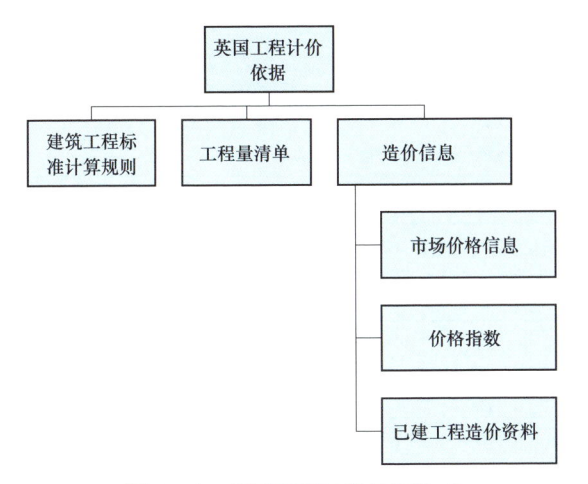

图 2-1 英国工程计价依据构成

在英国，建筑相关信息和统计的资料主要由贸工部（Department of Trade and Industry，DTI）的建筑市场情报局和国家统计办公室共同负责收集整理并定期出版发行；同时各咨询机构、业主和承包商也非常注重收集整理相关信息和保留历史数据以作为其以后投标报价的依据。英国工程造价信息的发布往往采取价格指数、成本指数的形式，同时也对投资、建筑面积等信息进行收集发布，如建筑署发布的建筑工料综合成本指数、路政署发布的路政署建造成本指数和土木工程署发布的土木工程指数等，利用这些指数可指导业主和承包商合理确定工程造价。这些标准和指标是各政府部门向国家申报投资、控制规划设计、确定工程项目规模和投资的基础，也是审批立项确定规划和造价限额的依据。英国工程成本估算费用见表 2-2。

表 2-2　　　　　　　　英国工程成本估算费用

	成本估算费用组成部分
1	建设前准备工程估价（1）
2	建筑工程估价（2）
3	主承包商的预备费用估价（3）
4	小计（4）=（1）+（2）+（3）

续表

	成本估算费用组成部分
5	主承包商的间接费用和利润估算（5）
6	工程费用估计（6）=（4）+（5）
7	项目/设计团队费用估计（7）=（7a）+（7b）+（7c）
7a	（a）顾问费用（7a）
7b	（b）主承包商的前期建设费用估算（7b）
7c	（c）主承包商的设计费用估算（7c）
8	小计（8）=（6）+（7）
9	其他开发/项目成本估算（9）
10	基本成本估算（10）=（8）+（9）
11	风险准备估算（11）=（11a）+（11b）+（11c）+（11d）
11a	（a）设计开发风险估计（11a）
11b	（b）建设风险估计（11b）
11c	（c）雇主变动风险估计（11c）
11d	（d）雇主其他风险估计（11d）
12	成本限制（不包括通货膨胀）（12）=（10）+（11）
13	招标阶段通货膨胀估计（13）
14	成本限制（不包括建筑通胀）（14）=（12）+（13）
15	施工阶段通货膨胀估计（15）
16	成本限制（包括通货膨胀）（16）=（14）+（15）
17	增值税评估

其中包括了进场准备工程、临时工程和新的永久工程费用、工程内部建筑估算费用、装修费、设施设备费等。

2.1.3 造价执业情况

英国工程项目管理的一个重要特点就是工料测量师的使用。在建筑工程工料测量领域里从事工程量计算和估价及与合同管理有关的人士传统上根据其代表的是业主还是承包商有不同的叫法，人们将受雇于业主或作为业主代表的称为"工料测量师"或业主的估价顾问；另一种则受雇于承包商，人们习惯上称其为"估价师"或承包商的测量师。但两者的技术能力与所需资格并没有绝对的界限划分，例如以前为某业主代表的工料测量师，以后也可能受雇于其他承包商作为其工程估价师。

英国的工料测量活动内容非常广泛，包括：预算咨询、可行性研究、成本计划和控制、通货膨胀趋势预测；就施工合同的选择进行咨询，选择承包商；建筑采购、招标文件的编制；投标书的分析与评价，标后谈判，合同文件的准备；在工程进行中的定期成本控制，财务报表，变更成本估计；已竣工工程的估价、决算，合同索赔的保护，与基金组织的协作；成本重新估计；对承包商破产或被并购后的应对措施；应急合同的财务管理。

2.2 美国计价模式

2.2.1 造价管理发展历程

19 世纪，美国造价管理较多受到英国造价管理的影响，从 20 世纪 30 年代到 20 世纪 40 年代，由于资本主义经济学的开展，使许多经济学的原理开场被应用到了工程造价管理领域。1930 年格兰特出版了《工程经济原理》，他以复利为基础讨论了投资决策的理论和方法，被誉为"工程经济学之父"。二战期间美国工程师麦尔斯提出的一门新兴的管理技术——价值分析，总结出一套保证同样功能的前提下，以最低成本实现必要功能的完整的科学方法。在二战后的全球重建时期，大量的工程项目建设为工程项目造价管理的理论研究与实践提供了诸多机会，美国的工程造价管理在这一时期取得了巨大的发展。1956年美国造价工程师协会（AACE）正式成立，积极组织协会内的专业人员，对工程造价管理中的工程造价确定、工程造价控制、工程造价风险的管理等许多方面的理论与方法开展全面的研究。

美国国防部、美国能源部等政府部门，从1967年开始提出"工程项目造价与工期控制系统的规范（cost/schedule control systems criteria，C/SCSC）"，这一规范经过反复的修订，得到了不断的完善，现在仍在使用。20世纪90年代初，以美国工程造价管理学界为主，提出"全国造价管理（total coast management，TCM）"。AACE为推动自身发展和工程造价管理理论与实践的进步，在这一方面开展了一系列的研究和探讨，在工程造价管理领域全面造价管理理论与方法的创立与发展上付出了巨大的努力。美国提出的工程项目全面造价管理的概念至今，全世界对于全面造价管理的研究层出不穷，"全面造价管理"仍是目前工程造价管理的主流方法。

在美国，政府没有管理建筑业的专设机构，也没有专门针对建筑业管理的法律。美国政府只对自己投资的某些社会公共工程以业主身份实行包括造价在内的项目管理，并不对所有工程造价行使经济立法职能，但对立项工程的技术标准、安全、社会环境及社会效益，通过法规、法律加以引导及限制。联邦下属各州对建筑业的管理拥有较大的权力与独立性，除通过地方政府的财政、工商、税收等部门加以调控外，主要负责各级各类专业人员的培训和考核、注册、发证工作。美国的建筑业由各州选择不同的技术标准，并通过议会立法的方式来进行管理。美国政府不直接管理工程造价，一般授权专业人士或机构对工程造价进行管理。政府的主要职能是对工程造价进行宏观控制，国家通过法规在规范建筑工程造价过程中参与各方的行为。

2.2.2 计价方式与依据

20世纪90年代美国提出了全面造价管理理论，Medley、Larry、Sr和Hollmann·John等人进行了深入研究，他们的研究使得全面造价管理理论进入新的发展时期。全面造价管理是指在全部战略资产的全生命周期造价管理中采用全面的方法对投入的全部资源进行全过程的造价管理。

美国没有普遍应用的统一的工程量计算规则，所以业主在招标文件中一般不给工程量，只会对项目的总体要求和目标进行说明和定义。承包商依据自身情况来做投标报价，每个承包商都要对项目情况和自身情况进行综合分析报价，并要求分包商报价，汇总分包报价，形成总报价。

工程计价工作虽然不需要政府制定并发布法定的定额、指标、费用标准等，但是，政府有关部门也需要积累并制定有关工程计价依据。因此，政府有关建设主管部门也都有自己的一套管理标准，某些通过政府或有关协会公布的各种工程造价指南，如MEANS造价手册，它们提供了工程计价的信息，如工时、设备价格，以及按不同的工种完成不同工程量所列出的耗用小时人工、机械单价、人工单价等。在美国有许多公开发行的工程计价资料，如房屋建筑造价资料、机械工程造价资料、电气工程造价资料等，每年均发行，供社会参考，并且它们均附有近两年的平均造价指数。美国工程计价依据构成见图2-2。

尽管美国电网工程管理相对比较宽泛，缺乏统一的标准，但是各工程费用框架是基本相同的，或者说是基本包含了以下几大模块的费用。美国工程费用构成框架见图2-3。

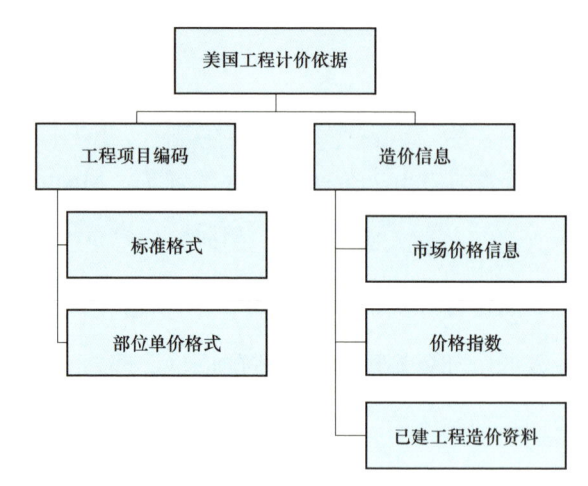

图2-2 美国工程计价依据构成

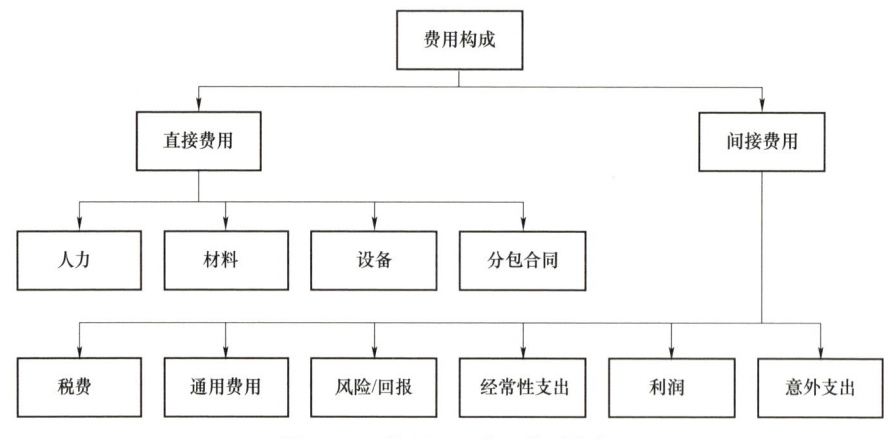

图2-3 美国工程费用构成框架

如图2-3所示,工程费用分为直接费用和间接费用两部分。直接费用包括人力费、材料费、设备费及分包合同四大类;间接费用包括税费、通用费用、风险/回报、经常性支出、利润及意外支出六类。

从电力工程领域来看,所有的电力建设项目报价都是由各专业大公司根据本公司积累的各种经验数据,得出各种不同类型、不同外部条件的电站数据模块,然后根据这些数据模块,再加上设备、材料价格信息得出一个切合实际的设计成本。而且这些数据模块、价格信息又在不断地更新、积累、调整，由此形成了一个合法性的数据库，它对美国的电力工程计价起到了全面控制和指导作用。

2.2.3 造价执业情况

美国劳工部确定的造价职业叫成本估算师（cost estimator），美国职业分类代码为 13-1050。美国的造价工程技术人员是伴随着管理学的发展而逐步成长的，所以美国的造价工程技术人员广泛分布在建筑业、制造业、航空航天等领域。

成本估算师的职责是：分析各种生产条件，从技术观点和生产方式去降低产品生产成本；在有关人员的协助下规定各种生产活动的技术标准和成本标准，并以这些标准作为测定业绩的尺度来评价生产实绩；寻找更合理的生产方法，制定出创造和改善各种生产条件的方案提供给企业经营者考虑是否采纳。在美国企业里，成本估算师不但参与生产活动，而且要过问整个企业的经营问题，其业务范围有进一步扩大的趋向。

2.3 日本计价模式

2.3.1 造价管理发展历程

近代日本针对采用传统方法建造的建筑工程，一般利用长期积累的经验进行工程费的估算。日本近代预算技术的创始人大泉龙之辅佐在 1887 年出版了《建筑工程设计便览》，提出面对新的设计样式和新的结构形式，应对照详细的设计图纸编制工程预算。久恒治助于 1921 年出版了《建筑工程说明及预算编制方法》，系统分析和整理了建筑设计与预算的内在联系。在日本建设省的倡导下，政府与民间联合成立了成本管理研究委员会，该委员会于 1950 年归纳整理出了工程费用的项目分类，此后不断对其进行修改，并一直沿用至今。在 20 世纪 60 年代之前，对于日本建筑工程数量的计算，发包方和承包方站在各自的角度确定工程量，计算的方式千差万别，结果难以统一。1967 年，日本建筑工业经营研究会翻译研究的英国《建筑工程标准计量方法》，受到日本国内各方关注。日本建筑积算研究会于 1970 年接受建设大臣办公厅政府设施部关于"工程量计算统一化"的要求，花费了近十年的时间，汇总得到《建筑数量积算基准》，此后，经过了多次修订和改编，成果日趋完善。在此基础上，又制定了《建筑工程工程量清单的标准格式》，使工程量计算走上了标准化的轨道。

在日本，实行的是政府导向型的市场经济体制。对政府工程计价管理和私人投资工程造价管理实行分而治之。对政府直接投资项目的管理，从中央到地方，都设有一套工程项目管理机构。日本国土交通省负责全国各级政府工程建设、运营和工程造价的管理；各地由地方政府的土地整备局或建筑都市部负责，由具有专业知识的国家公务员对政府投资工程项目的建设进行管理。对私人投资工程，国家制定的指导性计划对其没有法律上的约束力。对私人投资工程，政府只能利用各种经济杠杆，"引导"或"影响"企业的投资、生产等计划，减少其盲目性。

地方建设经济情报调查局负责发布公共项目的工程计价依据，日本交通、电力等其他专业部门也都相应编制并发布各行业的计价依据。日本国土交通省成立后，由国土交通省大臣官房官厅营缮部负责组织或委托编制并发布有关公共建筑工程的计价依据。

2.3.2 计价方式与依据

日本的工程积算是一套独特的量价分离的计价模式,"积算"就是以设计图纸为基础,计量、计算构成建筑物的各部分,并对其结果进行分类、汇总,是一种对工程费用进行事先预测的技术。

在日本,工程价格由纯工程费、现场管理费、一般管理费、消费税等构成,其中纯工程费由直接工程费和共同临时设施费组成。进行工程积算的前提是进行工程量的计算。日本的工程量计算规则是《建筑数量积算基准》。工程量计算的具体方法是将工程量按种目、科目、细目进行分类,即将整个工程分为不同的种目(建筑工程、电气设备工程和机械设备工程),每一种目又分为不同的科目,每一科目再细分到各个细目,每一细目相当于单位工程。

由公共建筑协会组织编制的《建设省建筑工程积算基准》中有一套《建筑工程标准定额》,相当于我国建设部批准并发布的《全国统一建筑工程基础定额》,它将建筑工程分为不同的种类(分项工程),再将其细化成单位工程,对于每一细目(单位工程),以列表的形式列明单位工程的劳务、材料、机械的消耗量及其他经费(如分包经费,以一套为单位,属于经验数据),通过对其结果分类、汇总,编制详细清单。日本建筑工程计价过程中的单价是以市场为取向的,基本上参照市场价格,体现了市场定价的原则,这些价格来源于《建设物价》《积算资料》《物价版》等期刊资料。日本工程计价依据构成见图 2-4。

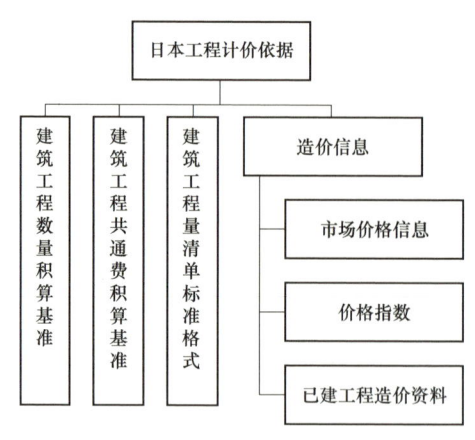

图 2-4 日本工程计价依据构成

日本建设物价调查会是全国工程造价信息的权威发布机构，对建设市场的材料价格、机械设备费作专门调查，其中将材料分为 A、B、C 类，A 类每三个月调查一次，B 类每六个月调查一次，C 类每两年调查一次。每季度发布一次材料和工程造价价格信息，这样就可以根据材料、劳务、机械器具的市场价格计算出细目的费用，进而可算出整个工程的纯工程费。这些占整个积算业务的 60%～70%，是积算技术的基础。

日本工程费用构成见图 2-5。

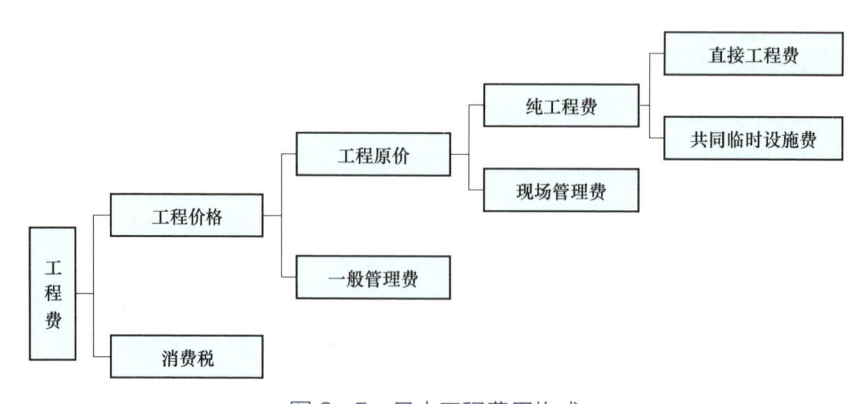

图 2-5 日本工程费用构成

日本通常使用实物法计算材料费、人工费、施工机械费以及建设过程的间接费。对于共同临时设施费、现场管理费和一般管理费，可按实际成本计算，或根据历史档案资料按照纯工程费的比率予以计算。

2.3.3 造价执业情况

为了适应社会对建筑生产的透明性、妥当性和合理性的追求，确立积算方法并逐步提炼就显得非常重要。为此，日本建筑积算协会于1979年创立建筑积算师制度，而后随着对建筑积算师制度的重新认识，1990年向建设大臣申请，经建设大臣批准，废除了建筑积算师制度，建立了建筑积算资格者制度，作为新的大臣认定资格。其工作的主要内容有：推进工程造价管理水平的调查研究；进行工程量计算标准、建筑成本等相关的调查研究；专业人员教育标准的确定、专业人员业务培训及资格认定；业务情报收集；与国内外有关部门团体交流合作等。建筑积算师分布于各个领域，其中主要分布在设计单位、施工单位及工程造价咨询事务所等。

2.4 中国香港计价模式

2.4.1 造价管理发展历程

香港的工程造价管理一直沿用英国工料测量师体系。它的基本原理是准确的工料度量、严密的合同控制和及时的过程跟踪，但在管理主体、具体计量规则的制定、工料测量事务所和专业人士的执业范围和深度等方面，都根据自身特点进行了适当调整，使之更适合香港地区工程造价管理的实际需要。

香港地区经过近百年的建设，特别是20世纪70年代以来，逐步积累经验，形成了一整套完整的管理机构、管理办法和管理法规，对发展香港建设起了很大作用。1973 年香港测量师学会依照英国皇家特许测量师学会编制的《建筑工程工程量计算规则》，编制而成《香港建筑工程工程量计算规则》（Hong Kong standard method of measurement for building works，HKSMM），后又对其进行了改进和完善，从而形成了统一的工程量计算规则。

香港建筑市场的承包工程分两大类：一类为政府工程，另一类为私人工程。政府工程由工务局下属的各专业署组织实施，实行统一管理、统一建设；私人工程的投资管理活动政府不予直接干预，一般由业主委托给社会工程造价咨询机构，政府只对其实行严格的监督管理制度。

2.4.2 计价方式与依据

香港的工程计价采用的是清单计价模式，所依据的工程量计算规则是《香港建筑工程工程量计算规则》，是香港地区建筑工程的工程量计算法规，无论是政府工程还是私人工程，都必须遵照该计算规则进行工程量计算。香港在工程造价的确定上，没有全港统一的、政府强制要求执行的工程定额，主要依靠工料测量师的工作经验。但香港政府造价管理部门和一些信誉好的大型工料测量行一般都拥有自己的造价资料信息，并定期向社会公布工程成本指数和工程价格指数，如建筑署发布的建筑工料综合成本指数、路政署发布的路政署建造成本指数和土木工程署发布的土木工程指数等，对业主和承包商在确定造价时非常有用。

《香港建筑工程工程量计算规则》主要内容包括总则、一般条款与初步项目、土石方工程、打桩与沉箱、挖掘、混凝土工程、瓦工、排水工程、沥青工、砌石工、屋面工、粗木工、细木工、建筑五金、钢铁工、抹灰工、管道工、玻璃工、油漆工。工程量表按工种分类列出所有项目的名称、工作内容、数量和计量单位。工程项目的分类一般为土方、混凝土、砌砖、沥青、排水、屋面、抹灰、电、管道及其他工程（如空调、电梯、消防等）。按《香港建筑工程工程量计算规则》规定，工程项目划为17项，加上开办费共18项工程费用，包括开办费、泥工工程、混凝土工程、砌砖工程、地渠工程、沥青工程、砌石工程等。例如某变电站工程的工程量清单项目除开办费外，还包括混凝土工程、砌石工程、屋面工程、金属工程及油漆工程，见表2-3。

表2-3　　　　　某变电站工程工程量清单项目（部分）

序号	项目名称	单位	单价	数量	金额（元）
	变电站				
	混凝土工程				
A	现浇混凝土				
	C30	m³		150.61	
B	钢筋				
	I级钢筋	kg		167.15	
	III级钢筋	kg		19 512.01	
C	模板				
	平面（含梁两侧）	m²		1 095.92	
	立面	m²		198.03	
	…				
	砌石工程				
A	加气混凝土砌块				
	200mm 厚	m³		107.47	
	屋面工程				
A	50mm 厚 C30 细石防水混凝土	m²		692.50	
B	隔离层：干铺塑料薄膜一层	m²		692.50	
C	高聚物改性沥青卷材	m²		776.31	
	…				
	金属工程				

续表

序号	项目名称	单位	单价	数量	金额（元）
	…				
	油漆工程				
	…				

业主估价通常由业主委托社会咨询服务机构工料测量师进行。业主的估价在可行性研究阶段，制定初步估算；在方案设计阶段，采用比例法或系数法估算建筑物的分项造价；在初步设计阶段，制定成本分项初步概算；在详细设计阶段，根据《香港建筑工程工程量计算规则》计算工程量，制定更详细的分项概算；在投标阶段，编制工程量清单，并编制标底。每个项目的单价均为完全单价，即包括人工费、物料费、机械费、利润和风险费等。投标总价是各工程量价格的总和，加上企业自身的管理费和利润，还应考虑价格上的因素。工料测量师参照近期同类工程的分项工程价格，或在市场上索取材料价格经分析计算出详尽的预算，作为甲方的预算或标底基础。在香港不论什么工程，标底或预算都是不需要审查或审核的，只要测量师完成后，经资深工料测量师认可，并经工料测量行领导人签字，即可作为投资的标底或控制造价的依据。

2.4.3 造价执业情况

工料测量师是香港进行工程造价管理的专业人士，相当于内地的注册造价工程师。工料测量行是由工料测量师组成的造价咨询事务所，主要负责各类工程的初步费用估算、成本规划、承包合同管理、招标代理、造价控制、工程结算以及项目管理等方面的内容。为约束和规范工料测量师和工料测量行的职业行为，香港制订了一套非常严格的管理制度。香港工料测量师在进行各阶段造价确定时，所采用的计价依据是在对已完建设工程的造价数据、信息的归类、统计和分析后形成的已完工程造价信息数据库（历史资料的积累）基础之上建立的。

香港奉行国际惯例中的"专业人士负责制"，要求专业人士有高度负责的专业责任和良好的专业操守，要求工料测量师必须对他提供的工程量清单和工程造价报告的准确性负责，如果提供了错误信息，则必须赔偿雇佣者（一般为业主）的损失。为了能够承担这种赔偿责任，香港采用购买专业人士责任保险的做法。专业人士责任保险的费率根据专业人士的信誉、业绩进行动态调整，若专业人士玩忽职守，出现重大失误，则保险业对他的费率就提升，当提升到专业人士无法接受的境地时，这位专业人士的职业生涯也就结束了。通过专业人士在专业责任上主动遵守、认真负责的主动性和外界强制而被迫服从的被动性这种良性互动来约束专业人士和工料测量师的职业道德，促进他们不断提高专业水平。

2.5　本章小结

本章主要对英国、美国、日本、中国香港等国家和地区的工程计价模式情况从造价管理发展历程、计价方式与依据、造价执业情况三方面进行阐述和分析，通过对比，了解不同工程计价模式和造价管理情况，以期为我国计价模式的改革创新提供借鉴和参考。

中国南方电网有限责任公司电网工程造价专业培训教材——
从历史视角看计价模式及管理

第 3 章　电力行业计价模式发展历程

3.1　社会主义革命和建设时期

"一五"时期我国在接纳苏联援建项目的同时，相应的也引入了苏联概预算定额管理的模式，这种集中化方式的建筑产品经济制度符合新中国成立初期基础工业建设的需求，解决了项目预算难确定的问题，为项目成本管理提供了标尺，在新中国国民经济的恢复和电力工业体系的基本形成过程中起到了相当重要的作用。

苏联的建设概预算制度模式是与高度集中的产品经济相适应的基本建设概预算制度，明确了概预算在基本建设中的作用，并且规定了不同的设计编制阶段必须编制概算或者预算及编制的原则、内容、方法和编制单位，以及概预算的审批和修正办法。当时我国翻译了大量苏联建设概预算制度的相关文件，例如《苏联财政制度》《苏联国家预算制度》，作为我国建立基本建设成本制度的参考。

在学习苏联模式下形成的一套概预算管理制度，对合理确定和控制工程造价起到了积极作用，体现了科学性和统一性，在中国的基本建设历史上起到了不可磨灭的作用，为国家建立电力工程造价管理体制夯实了基础。但是，随着新中国工业体系建设的逐步开展，盲目崇尚苏联的计划体制和经济核算制度的工作方法已经无法适应中国电力建设的需要，建立国家自有的电力建设造价体系的工作迫在眉睫。

1955年,电力工业部颁布了我国第一本电力定额《电力工业建筑与安装工程预算定额》。这本电力定额的诞生具有划时代的意义,标志着我国电力工程建设在过去学习苏联建设概预算制度的基础上,翻开了建立我国自有电力工程定额体系的崭新一页。

1956年,在国家建设委员会的建议下,电力工业部作为主要方,重工业部、第一机械工业部、第二机械工业部、建筑工程部、煤炭工业部、纺织工业部及铁道部共七个部门作为参与方,共同编制了《电气设备安装工程设计预算定额》。这本定额的诞生解决了过去没有统一的"电气设备安装工程设计预算定额"的难题,简化了预算编制工作,同时也提高了预算的准确性,为"一五"后期大规模开展的基础工业设施建设起到了重要的支撑作用。次年,电力工业部正式批准颁发电气、土建、汽轮机、锅炉、送电五个专业的劳动定额,初步建立了中国电力建设工程概预算制度和定额体系。

以上电力建设工程概预算定额颁布后,电力部门开始对工程概预算按部颁定额进行统筹管理,定额管理工作得到了加强和完善,同时这些电力工程造价管理制度和工程计价依据体现了中国当时电力设计技术、设备制造、施工工艺、劳动生产率发展水平,为该时期大规模开展的"一五"时期电力工业设施建设起到了重要的支撑作用。

1958年起,由于违背社会主义经济建设规律和价值规律的思想影响着全国各个领域,工程概预算和定额管理在工程中的地位和作用被人们忽视。在当时所谓破字当头的思想影响下,"一五"期间所建立起来的概预算制度被不加分析地说成是从苏联照抄照搬过来的东西,脱离群众和实际。当年6月,基建主管部门正式决定"将基本建设预算编制办法、建筑安装工程预算定额和间接费用定额等，统交各省、自治区、直辖市负责管理""其中有关专业性的定额由中央各有关部负责修订、补充和管理"，实际上形成了国家基建综合部门对工程建设概预算工作撒手不管的局面，分省的电力工业体制上的弊端逐渐显现出来，严重影响了电力工业的统一性。随之而来的是各级基建管理部门的概预算管理机构、设计单位的概预算工作机构被削减，概预算的专业人员就此减少，导致频频产生设计无概算、施工无预算、竣工无决算的"三无"产品。

到20世纪70年代中后期，随着反革命集团的粉碎，中国从"文化大革命"十年内乱中解脱，基本处于停滞中的电力工程计价也迎来了希望的曙光。1973年，水利电力部发布《水利电力基本建设工程概预算编制暂行规定》，包括火力发电、变电、送电工程三册，作为当时水利电力基本建设计划管理和经济核算工作的管理规范。

3.2 改革开放和社会主义现代化建设新时期

1978年党的十一届三中全会以后，党中央要求"把全部经济工作转移到以提高经济效益为中心的轨道上来"，国家建设行政主管部门及各专业主管部门开始认真总结概预算和定额管理制度建立以来的经验教训，借鉴先进国家的管理科学技术，做出了许多加强基本建设概预算工作的决定，对概算、预算和定额实行了统一管理与分级管理相结合的办法，明确了行政主管部门在定额编制、审批、执行等项管理工作中的责任和权限。在电力定额方面，电力工业部及电力建设总局根据电力工业恢复正常有序生产的实际情况，对1973年颁发的《水利电力基本建设工程概预算编制暂行规定》进行了修订，并提出了相应的费用定额《电力工业（火力发电、送电、变电）基本建设其他工程和费用定额》（电火字第81号），为全国基本建设经济管理、建立健全电力定额管理制度、促进企业的经济核算水平做出了重要的贡献。

1983年，原电力部电力建设总局颁发《电力建设班组施工定额》，包括建筑、锅炉、汽轮机、电厂化学、管道、筑炉保温、电气、热控、焊接、加工配制、厂内水平运搬、架空线路、电缆线路共13册定额，并在1991—1992年先后进行了修编。该套施工定额是电力施工企业推行经济责任制、贯彻"按劳分配"的重要计价依据，也是编制预算定额的基础，对加快工程建设，节约人力、物力，提高施工机械利用率有明显的促进作用，取得了明显的经济效益，为改革开放时期加快电力工程建设速度，节约人工、材料、机械资源，提高工程投资效率做出了十分重要的贡献。

1984—1986年，在国家计划委员会的组织领导下，原水电部承担了《全国统一安装工程预算定额》中电力行业的"电气""送电""热力"三册主编任务，并将分散在其余12册中有关电力行业的定额进行综合选编，形成了《全国统一安装工程预算定额电力建设专业项目选编本》。

1987年起，中华人民共和国能源部在原概算编制体系的基础上，更新出版了多项电力工程费用标准及指导性文件，逐步完善电力建设概预算定额新体系，颁布了《火电、送变电工程建设预算费用构成及计算标准（试行）》《电力建设行业建设工程预算定额》等。

20世纪80年代后期历经了电力建设造价管理体系的恢复、调整与改革后，行业内越发意识到电力标准定额工作是一项专业性很强的工作，没有专门的工作机构和一支稳定的专业队伍是无法高质量完成的。高素质的技经队伍是支撑高质量技经管理的必要前提，技经人员作为电力技经工作的具体实施、管理者，对提高电力工程计价水平至关重要。

"七五"计划期间，主管全国建设工作的国家计划委员会成立了基本建设标准定额研究所，并经国务院批准成立了基本建设标准定额局，负责管理全国工程建设标准定额工作。在电力方面，当时主管全国电力工作的水利电力部（原电力工业部与水利部合并而来）在中央及地方电力工业局及电力管理局下设多个定额管理站，形成了上下贯通的管理体系。为了扩充技经专业工作人员队伍，主管部门从其他专业技术人员中抽调一批符合条件的人员从事标准定额和概预算工作，同时动员过去参与过标准定额和概预算工作的老同志归队。在多项措施之下，电力技经专业人员人数达到了改革开放前期的 5 倍多，提供了标准定额修编与管理工作的人才基础。

1990 年，国家能源部发布了《关于火电、送变电工程建设概预算人员资格认证及管理办法》，对电力行业建设概预算人员管理与培训制度进行了规定，对提高概预算的编制质量和人员素质、有效控制工程造价起到重要作用。在该时期，由能源部基建司对电力行业（火电、送变电）的概预算人员组织进行培训与资格认证，中国人民建设银行则负责对电力技经人员进行监督检查，并有权对持有概预算资格证书的造价人员编制的概预算和标底进行审查，对无设计证书单位和无资格证号的概预算不予拨款、贷款，从而初步建立起电力技经从业人员的管理体系。

1992 年，党的十四大正式确立我国经济体制改革的目标是建立社会主义市场经济体制，中国电力工业也迎来了社会主义市场经济下的蓬勃发展阶段，为电力工程造价管理体系的发展提供了机遇和条件。

1993 年，电力工业部电力建设定额站正式成立，为更好地开展电力工程计价工作提供了强有力的保障。电力建设定额站成立后，通过组织或参与全国电力建设定额站站长工作会议、全国电力建设技经工作会议等，进一步推动了电力工程造价管理水平的提升。1999 年，电力工业部电力建设定额站正式更名为国家电力公司电力建设定额站。随着电力行业机构改革，国家电力公司电力建设定额站后又更名为电力工程造价与定额管理总站（以下简称"定额站"），并在编制上正式并入中国电力企业联合会的机构设置。从成立初至 2001 年间，定额站颁布了一系列新定额，并对现行定额进行了修订、补充，促进了电力建设定额基础性管理工作的标准化、制度化、法制化建设。

定额站成立初期，对电力建设行业基本建设预算费用标准、定额解释及管理制度进行梳理，发布了《电力建设行业基本建设预算费用标准及管理制度汇编（1993 年）》《全国统一安装工程预算定额解释汇编》。

1994 年，定额站组织编制并发布了电力行业施工定额——《电力建设施工定额基础数据标准》及《电力建设焊接专业施工定额兰本》（第 9 册 焊接、热处理、焊缝检验），部分内容见图 3-1。

1. 小径管氧炔焊单项定额

工作内容：对口检查、焊缝焊接、层间清理、自检合格　　　　　　　　　　　　　　　　　单位：口

编号	项目	人工工日		机具台班			材料消耗				
		碳钢	合金钢	氧气瓶	乙炔瓶	其他	氧气（m³）	乙炔（m³）	焊丝（kg）	纱布（张）	其他
1	φ10×2	0.025	0.028	0.005	0.003		0.01	0.01	0.004	0.20	
2	φ12×2	0.026	0.029	0.005	0.003		0.01	0.01	0.004	0.20	
3	φ14×2	0.027	0.030	0.005	0.003		0.01	0.01	0.005	0.21	
4	φ16×2	0.028	0.031	0.006	0.003		0.01	0.01	0.006	0.22	
5	φ16×2.5	0.029	0.032	0.006	0.003		0.02	0.03	0.007	0.23	
6	φ18×2	0.030	0.033	0.006	0.003		0.02	0.03	0.008	0.23	
7	φ18×2.5	0.032	0.035	0.006	0.003		0.02	0.03	0.009	0.24	
8	φ20×2.5	0.034	0.037	0.007	0.003		0.02	0.03	0.010	0.25	
9	φ20×3	0.036	0.040	0.007	0.004		0.03	0.04	0.013	0.26	
10	φ22×2.5	0.038	0.042	0.008	0.004		0.03	0.04	0.013	0.26	
11	φ22×3	0.040	0.044	0.008	0.004		0.03	0.04	0.015	0.28	
12	φ25×2.5	0.044	0.048	0.009	0.004		0.03	0.04	0.014	0.27	
13	φ25×3	0.046	0.051	0.009	0.005		0.04	0.05	0.017	0.29	
14	φ28×3	0.050	0.055	0.010	0.005		0.04	0.05	0.020	0.31	
15	φ28×4	0.070	0.077	0.014	0.007		0.05	0.06	0.026	0.33	

图 3-1 《电力建设焊接专业施工定额兰本》内容示例

1995 年，定额站组织编制完成《电力建设工程施工机械台班费用定额（1995 版）》，由电力工业部印发，是定额站成立后编制的首套机械台班费用定额。

1996年，定额站组织编制完成《电力建设工程概算定额 1996 年北京地区价目本》，共包括建筑、热力、电气、线路四个专业，分两本由电力工业部陆续印发。

1997 年，定额站编制完成《电力工业基本建设预算管理制度及规定》，由电力工业部建设协调司发布。1998 年，定额站组织完成《电力建设工程预算定额 第 1 册 建筑工程》编制工作，由原电力部批准颁布，该定额是针对电力建设大机组及高电压工程的设计特征、施工特点、行业特性而编制的行业定额。2000 年，定额站陆续组织完成《电力建设工程预算定额 第 2 册 电气设备安装》《电力建设工程预算定额 第 3 册 热力设备安装》编制工作，由建设部批准颁布。

在电力行业概预算定额体系逐步建立的同时，1998—1999 年，定额站编制完成《电力建设定额基价调整办法》《火电、送变电工程定额材料与机械费调整办法》，以落实电力工程造价"静态控制、动态管理"，如实反映各省（市）市场价格水平，解决定额使用时与北京价目本的时间、地域差问题。具体调整方法如下：

（1）安装工程按以下分类测算定额材料、机械调整系数。

发电工程：按单机容量 600、300、200、125MW 级及以下分热力系统、燃料供应系统、除灰系统、水处理系统、供水系统、电气系统、热工控制系统和附属生产系统。

变电工程：分 500（含直流）、330、220、110kV 及以下不同电压等级测定系数。

送电工程：分 500（含直流）、330、220、110kV 及以下不同电压等级测定系数。

（2）建筑工程按调整办法所列的材料、机械品种进行调整。

以安装工程为例，其调整系数=（各省定额内材料与机械费用之和/北京价目本定额内材料与机械费之和）−1；计算基数=定额基价−定额人工费。

同期，为进一步加强对可行性研究估算的控制，定额站组织编制了各专业估算指标，1999 年发布《建筑概算定额水、暖、电、通综合指标》《发电工程 300MW 机组投资估算指标（试行稿）》《送变电线路工程投资估算指标（试行稿）》，并收集试用情况。同年，编制了《发电工程 125MW、200MW、600MW 机组投资估算指标（初稿）》。

2000 年，定额站在 1995 版机械台班费用定额的基础上，重新组织修编，发布了《电力建设工程施工机械台班费用定额（1999 版）》；颁布了《九九年度电力工程装材综合价及预算价格调整系数》；发布了《建筑预算定额编制说明》，与建筑预算定额配套使用。2001 年，各地区发布适应当地地区的基价调整系数，以使价格水平反映市场实际情况。

2001 年，定额站编制完成《电力工程建设投资估算指标——火电工程》《电力工程建设投资估算指标——送电线路工程》，由原国家经贸委发布，其中火电工程包括火力发电厂国产 600、300、200、125MW 机组发、变电建筑安装工程，送电线路工程包括 220、330kV 单回路和同塔双回路及 500kV 交直流线路工程。

在电力行业计价依据体系逐渐建立与规范的同时，造价专业人才管理工作也逐渐规范化。为了加强建设工程造价专业技术人员的执业准入控制和管理，确保建设工程造价管理工作质量，维护国家和社会公共利益，1996 年人事部、建设部正式印发《造价工程师执业资格制度暂行规定》和《造价工程师执业资格认定办法》。电力部按照《造价工程师执业资格认定办法》的要求，于 1997 年 1 月发布《关于做好首批造价工程师执业资格认定工作的通知》，及时组织开展申报、审核和推荐工作。首批认定工作中，电力部共 25 人被人事部、建设部批准获得造价工程师执业资格。

2002 年，国务院发布《关于印发电力体制改革方案的通知》（国发〔2002〕

5号文件），电力体制改革迈出实质性步伐。电力体制改革推动电力工业从半封闭走向开放，为电力工程计价的创新发展提供了崭新的契机。从2002年至今，电力工程造价行业为适应社会主义市场经济条件下工程计价依据体系改革的要求，将原来分散的各专项定额和由各编制组管理的各册定额，按照统一定额水平、统一价格水平和集中管理的原则，对现行的电力行业概预算定额和费用标准进行了统一修订，形成了统一完整的电力行业定额与费用标准体系。该体系的建成为电力行业开展工程造价管理提供了符合市场实际、科学合理、体现社会平均先进水平的计价依据，有利于政府对电力建设工程进行宏观指导，规范电力投资市场；有利于企业投资电力建设工程时，合理地确定工程造价；并对未来企业定额的编制起到积极的参考作用。新时期发布的电力工程定额计价体系结构主要包括电力建设工程、20kV及以下配电网工程、西藏地区电网工程、电网技改检修工程四部分内容，见图3-2。

2003年，国家层面第一本工程量清单计价依据的颁布，标志着建设工程造价管理发生了由传统"量价合一"的计划模式向"量价分离"的市场模式的重大转变，中国的工程量清单计价模式已经进入全面宣贯、推广及应用的阶段，为电力行业计价模式改革提供了良好契机。

2005年6月1日，国家发展和改革委员会批准颁发的《电力建设工程量清单计价规范——送电线路工程》（DL/T 5205—2005）正式施行，这是工程量清单计价模式在电力工程领域开始建立的重要标志。为了工程量清单计价模式在电力工程建设领域的顺利推广，使广大技经人员准确理解和使用电力建设工程量清单计价体系，定额站于2006—2007年间相继发布了《电力建设工程量清单计价规范——变电工程》（DL/T 5341—2006）、《电力建设工程量清单计价规范——火力发电厂工程》（DL/T 5369—2007）及配套使用指南。

第3章 电力行业计价模式发展历程

```
电力工程定额计价体系结构
├─ 电力建设工程
│   ├─ 电网工程建设预算编制与计算规定
│   ├─ 火力发电工程建设预算编制与计算规定
│   ├─ 电力建设工程估算指标
│   ├─ 电力建设工程概算定额
│   ├─ 电力建设工程预算定额
│   ├─ 电力建设工程施工机械台班费用定额
│   ├─ 电力建设工程装置性材料综合预算价格
│   ├─ 电力建设工程装置性材料预算价格
│   └─ 电力建设工程工期定额
├─ 20kV及以下配电网工程
│   ├─ 20kV及以下配电网工程建设预算编制与计算规定
│   ├─ 20kV及以下配电网工程估算指标
│   ├─ 20kV及以下配电网工程概算定额
│   └─ 20kV及以下配电网工程预算定额
├─ 西藏地区电网工程
│   ├─ 西藏地区电网工程建设预算编制与计算规定
│   ├─ 西藏地区电网工程概算定额
│   ├─ 西藏地区电网工程预算定额
│   └─ 西藏地区电网建设工程装置性材料综合预算价格及单项预算价格
└─ 电网技改检修工程
    ├─ 电网技术改造工程预算编制与计算规定
    ├─ 电网检修工程预算编制与计算规定
    ├─ 电网技术改造工程概算定额
    ├─ 电网技术改造工程预算定额
    ├─ 电网拆除工程预算定额
    └─ 电网检修工程预算定额
```

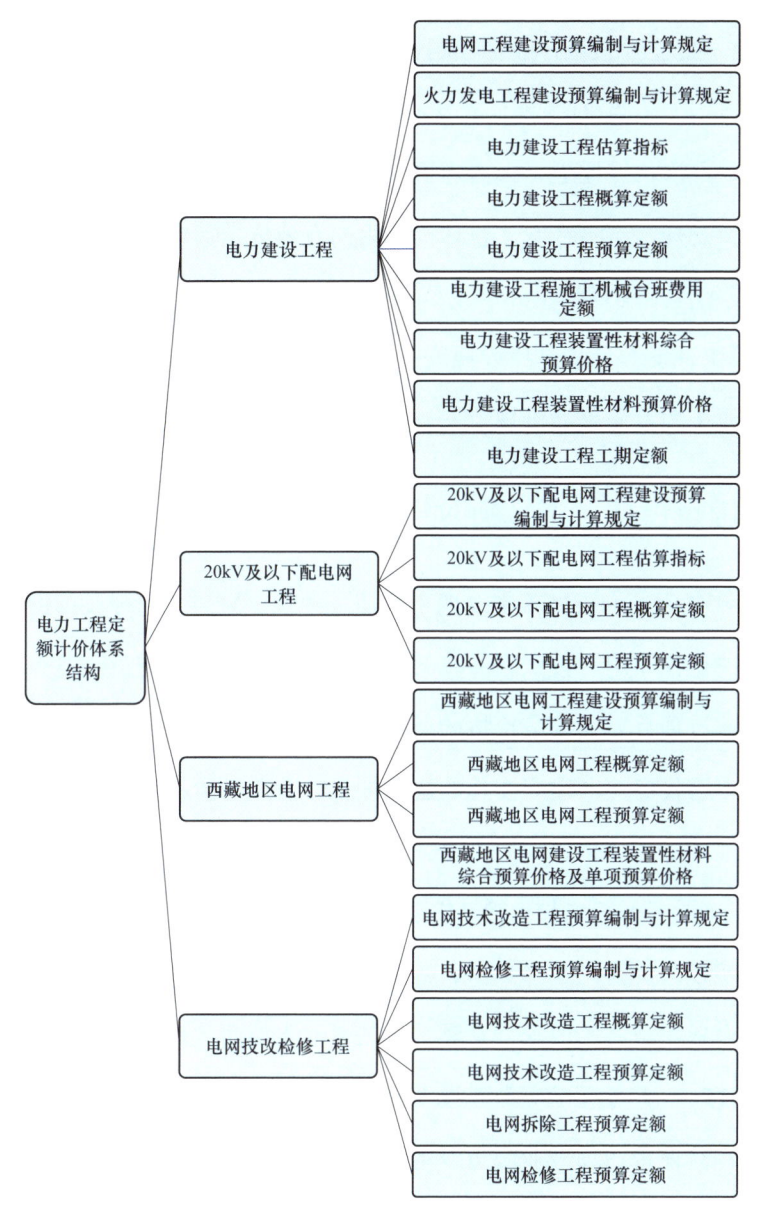

图 3-2 定额计价依据体系结构

2011 年，为了跟进国际和国内工程量清单计价规范变化趋势，满足电力工程技术进步和项目管理要求提高的现状，定额站根据国家能源局《关于下达

2011 年第一批能源领域行业标准制（修）订计划的通知》（国能科技〔2011〕27 号）的要求，组织有关单位对 2006 年版《电力建设工程量清单计价规范》进行修订，此次修订比上一版内容更全面、细致，更符合电力行业工程计价的实际要求，是规范电力行业工程计价行为的有效依据。该套计价规范主要包括《电力建设工程工程量清单计价规范——输电线路工程》（DL/T 5205—2011）、《电力建设工程工程量清单计价规范——变电工程》（DL/T 5341—2011）和《电力建设工程工程量清单计价规范——火力发电工程》（DL/T 5369—2011）。

3.3 中国特色社会主义新时代

2015 年 2 月，为贯彻落实党的十八届三中全会精神，充分发挥市场在资源配置中的决定性作用，按照国务院部署，国家发展和改革委员会发布《关于进一步放开建设项目专业服务价格的通知》（发改价格〔2015〕299 号），决定在已放开非政府投资及非政府委托的建设项目专业服务价格的基础上，全面放开建设项目前期工作咨询费、工程勘察设计费、招标代理费、工程监理费、环境影响咨询费五项实行政府指导价管理的建设项目专业服务价格，实行市场调节价。

为落实发改价格〔2015〕299 号文，规范电力工程建设预算的编制，应电力工程建设各参与方的要求，定额站开展了深入调研收资、研究测算和征求意见，于 2015 年 9 月提出电力建设工程项目前期工作费、勘察设计费、招标代理费、工程监理费四项专业服务费用计列的指导意见，以中电联定额〔2015〕162 号发布。

2016 年 11 月，按照国务院有关规范税制、实现结构性减税的总体战略部署，根据财政部、住房和城乡建设部及国家税务总局的相关要求，为保证营业税改征增值税在电力工程计价中的顺利实施，定额站结合电力工程计价依据的特点，反复研究与测算，并与有关各方多次沟通协调，形成了电力工程计价依据营业税改征增值税估价表，以定额〔2016〕45号文发布，所含内容见表3-1。

表3-1　　　　　　定额〔2016〕45号文发布估价表内容

序号	册名称
1	《2009年版20kV及以下配电网工程预算定额估价表》
2	《2013年版电力建设工程定额估价表　建筑工程》
3	《2013年版电力建设工程定额估价表　热力设备安装工程》
4	《2013年版电力建设工程定额估价表　电气设备安装工程》
5	《2013年版电力建设工程定额估价表　输电线路工程》
6	《2013年版电力建设工程定额估价表　调试工程》
7	《2013年版电力建设工程定额估价表　通信工程》
8	《2013年版西藏地区电网工程概算定额估价表》
9	《2013年版西藏地区电网工程预算定额估价表》
10	《2015年版电网技术改造工程概算定额估价表》
11	《2015年版电网技术改造工程预算定额估价表》
12	《2015年版电网拆除工程预算定额估价表》
13	《2015年版电网检修工程预算定额估价表》

该套估价表基于"价税分离"的原则进行编制，即在不改变现行计价依据体系、适用范围及其作用的前提下，分别对定额基价和建筑安装工程各项取费费率进行调整：

（1）扣除定额基价中材料费与施工机械使用费的进项税额，给出除税后的定额基价；

（2）扣除建筑安装工程各取费项目所包含的进项税额，给出增值税下各取费项目的费率。

《电力建设工程定额和费用计算规定》自 2002 年以来共修编并逐步更新发布了 5 个版本，分别是 2002 年版、2006 年版、2010 年版、2013 年版和 2018 年版，由最初的《火电送变电工程建设预算费用构成及计算标准》《电力工程建设投资估算指标（火电工程、送电线路工程）》《电力建设工程概算定额（火电工程、送电线路工程）》《电力建设工程预算定额（火电工程、送电线路工程）》4 册内容逐步完善到目前设置合理、专业齐全（覆盖建筑工程、热力设备安装工程、电气设备安装工程、架空输电线路工程、电缆输电线路工程、调试工程、通信工程、加工配置品等）的 17 册内容，并配套编制了预规及定额的使用指南，为定额的规范化使用及合理工程计价奠定了扎实的基础。

2018 年版《电力建设工程定额和费用计算规定》是在总结近年来电力工程计价依据应用的基础上，解决执行定额时遇到的问题，补充新技术、新工艺、新材料、新设备应用所需的计价标准，根据现行的工程施工技术及验收规范、标准，结合电力发展的技术水平和发展目标，参照典型的施工组织设计与施工措施方案标准编制而成的。既继承了原定额和预规的实用性，又有所改进，对主要的、常用的、价值量大的项目设置进行细化，对于落后的工艺则不再考虑，进一步完善了定额章节说明与工程量计量规则等，为工程计价提供了重要依据。

《20kV 及以下配电网工程定额和费用计算规定》自 2008 年新编以来，共发布了两个版本，分别是 2009 年版和 2016 年版，由最初的 1 册预规和 6 册预算定额，逐步完善到覆盖预规、估算指标、概算定额、预算定额，专业设置齐全的 12 册内容，并配套编制了配电网预规及定额的使用指南。

2016 年版《20kV 及以下配电网工程定额和费用计算规定》是在充分考虑了 2009 年版的有关规定和编制经验的基础上，并保持电力工程建设预算管理体系的一致性和延续性，充分考虑当时配电网建设管理体制，配电网参建各方在工程建设过程中所承担的职责、任务，以及各地区配电网建设与管理模式的不同特点而编制的，为配电网工程的建设和造价管理提供了有效指导。目前新版配电网工程定额和费用计算规定正在编制中，预计 2022 年颁布实施。

《西藏地区电网建设工程定额和费用计算规定》于 2013 年 9 月由国家能源局颁布，主要是为了适应西藏地区电网建设的快速发展，规范西藏地区电网工程建设投资，维护工程建设各参与方合法权益而编制，具体包括《西藏地区电网工程建设预算编制与计算规定》《西藏地区电网工程概算定额——变电站建筑工程、电气设备安装工程、通信工程》《西藏地区电网工程预算定额——变电站建筑工程、电气设备安装工程、输电线路工程、调试工程、通信工程》。定额站已于 2021 年启动对该版西藏预规及定额的修编工作。

《电网技术改造工程预算编制与计算规定》《电网检修工程预算编制与计算规定》，以及与之配套使用的概预算定额自 2009 年新编以来，共发布了三个版本，分别是 2010 年版、2015 年版和 2020 年版，由最初的两册预规和 13 册预算定额，逐步完善到覆盖预规、概算定额、预算定额，专业设置齐全的 21 册内容。

《电网技术改造工程预算编制与计算规定（2020 年版）》《电网检修工程预算编制与计算规定（2020 年版）》，以及与之配套使用的概预算定额是在 2015 年版的定额和费用计算规定基础上修订而成的，传承了原预规的基本结构和框架，根据 2015 年以来与电网技改检修工程有关的政策法规、标准规范的变化情况，结合电网技改检修工程现行造价管理模式以及参与各方的权益，进行了必要的改进和优化，保证了定额和费用计算规定的适用性和时效性。

一方面，由于电力行业内的定额计价依据体系逐步规范及完善；另一方面，由于我国建设工程造价开始由政府定价向市场定价转变，国家层面建立了全国统一的工程量清单计价规则，逐渐形成了定额计价和工程量清单计价共存的双轨制工程计价模式。

2014年，住房和城乡建设部《关于进一步推进工程造价管理改革的指导意见》（建标〔2014〕142号）中指出"逐步统一各行业、各地区的工程计价规则，以工程量清单为核心，构建科学合理的工程计价依据，为打破行业、地区分割，服务统一开放、竞争有序的工程建设市场提供保障。完善工程项目划分，建立多层级工程量清单，形成以清单计价规范和各专业工程量计算规范配套使用的清单规范体系，满足不同设计深度、不同复杂程度、不同承包方式及不同管理需求下工程计价的需要。"为了适应电力建设市场的需求，定额站对2011年版《电力建设工程量清单计价规范》进行了修编，补充和完善了相关管理条文、组价形式、分部分项工程设置等，并于2016年12月获得国家能源局批准，以国家能源局公告（2016年第9号）颁布，于2017年5月1日起正式实施。

该套计价规范主要包括《电力建设工程工程量清单计价规范》（DL/T 5745—2016）、《电力建设工程工程量清单计算规范——输电线路工程》（DL/T 5205—2016）、《电力建设工程工程量清单计算规范——变电工程》（DL/T 5341—2016）和《电力建设工程工程量清单计算规范——火力发电工程》（DL/T 5369—2016）。

2018年4月，国家能源局正式发布《20kV及以下配电网工程工程量清单计价规范》（DL/T 5765—2018）、《20kV及以下配电网工程工程量清单计算规范》（DL/T 5766—2018）、《电网技术改造工程工程量清单计价规范》（DL/T 5767—2018）、《电网技术改造工程工程量清单计算规范》（DL/T 5768—2018）、《电网检修工程工程量清单计价规范》（DL/T5769—2018）和《电网检修工程工程量清单计算规范》(DL/T 5770—2018)，这是电力行业内首次发布配电网领域和技改检修领域适用的工程量清单计价与计算规范。

为了进一步适应电力建设市场的需求，定额站于 2020 年组织对 2016 年版《电力建设工程量清单计价规范》进行修编。该套计价规范主要包括《电力建设工程工程量清单计价规范》(DL/T 5745—2021)、《电力建设工程工程量清单计算规范——输电线路工程》(DL/T 5205—2021)、《电力建设工程工程量清单计算规范——变电工程》(DL/T 5341—2021)和《电力建设工程工程量清单计算规范——火力发电工程》(DL/T 5369—2021)。电力行业工程量清单计价依据的建立及完善，是实现中国深化工程造价全面改革的革命性措施。除此之外，工程量清单计价模式的推行也对电力建设市场各方主体产生了深远影响，是规范电力建设市场秩序、从源头上治理商业贿赂的根本措施，是电力工程招投标机制适应市场化、国际化的必然选择，是发挥市场规律中"竞争"和"价格"作用、实现电力建设市场良性循环的治本之策。

3.4 本章小结

本章主要阐述电力行业计价模式发展历程，从 1955 年电力工业部颁布我国第一本电力定额《电力工业建筑与安装工程预算定额》，到 2021 年版《电力建设工程工程量清单计价规范》的编制，电力工程计价由简入繁，不断完善，计价模式也由定额计价转向清单计价，为规范电力造价管理、保持电力建设市场健康持续发展发挥了巨大的作用。

中国南方电网有限责任公司电网工程造价专业培训教材——
从历史视角看计价模式及管理

第 4 章 南方电网造价管理工作发展历程

中国南方电网有限责任公司（以下简称南方电网公司）于 2002 年 12 月 29 日正式挂牌成立并开始运作，是中央管理的国有重要骨干企业，由国务院国有资产监督管理委员会履行出资人职责。南方电网公司负责投资、建设和经营管理南方区域电网，参与投资、建设和经营相关的跨区域输变电和联网工程，为广东、广西、云南、贵州、海南五省区和港澳地区提供电力供应服务保障；从事电力购销业务，负责电力交易与调度；从事国内外投融资业务；自主开展外贸流通经营、国际合作、对外工程承包和对外劳务合作等业务。

南方电网覆盖五省区，并与香港、澳门地区以及东南亚国家的电网相联，供电面积 100 万 km^2，供电人口 2.54 亿人，供电客户 9670 万户。南方电网东西跨度近 2000km，网内拥有水、煤、核、抽水蓄能、油、气、风力等多种电源，截至 2020 年底，全网总装机容量 3.5 亿 kW（其中火电 1.5 亿 kW、水电 1.2 亿 kW、核电 1961 万 kW、风电 2618 万 kW、光伏 2241 万 kW、分别占 43.4%、33.2%、5.6%、7.5%、6.4%）；110kV 及以上变电容量 11.2 亿 kVA，输电线路总长度 24.8 万 km。2020 年底非化石能源电量占比 53.2%。截至 2021 年底，南方电网目前西电东送已经形成"八条交流、十一条直流"（500kV 天广交流四回，贵广交流四回；±500kV 天广直流、江城直流、禄高肇直流、永富直流、兴安直流、牛从双回直流、金中直流，以及±800kV 楚穗特高压直流、普侨特高压直流、新东特高压直流、昆柳龙特高压直流）共 19 条 500kV 及以上大通道，送电规模超过 5800 万 kW。

自成立以来，南方电网公司基建项目年度投资最低约 250 亿元，高峰期约 1050 亿元，"十三五"期间年均基建项目投资约 1000 亿元。为适应电网建设规模和建设环境的变化，南方电网公司不断优化和完善建设管理模式，工程造价管理作为电网建设管理的重要内容之一，不断探索创新，形成了规范、完整的工程造价管理体系。

4.1　管理机构成立及探索时期（2002—2009 年）

南方电网公司成立初期及探索时期，电网建设管理重在搭建管理体制和机制，并逐步规范和提升电网建设管理水平，工程造价管理尚未形成成熟、体系的管理思路。

2003 年 2—8 月，南方电网公司工程造价管理职能分别由计划部门和工程建设部门负责，其中计划部门负责可行性研究和初步设计阶段的造价管理，工程建设部门负责项目实施阶段的造价管理；2003 年 6 月，颁发《中国南方电网有限责任公司工程建设管理办法》，该办法明确 500kV 及以上输变电工程初步设计由南方电网公司组织审查，未对工程造价管理作明确规定；2003 年 8 月，成立中国南方电力建设定额站，负责南方电网公司电网建设范围内的定额标准管理，挂靠南方电网公司工程建设部门，2003 年 8 月底，南方电网公司工程建设部门撤销，电网建设管理职能划入计划部门。

2006 年 3 月，中国电力企业联合会以《关于设立中国南方电网有限责任公司电力建设定额站的决定》（中电联技经〔2006〕29 号），设立中国南方电网有限责任公司电力建设定额站，中国南方电网有限责任公司电力建设定额站挂靠南方电网公司计划部门，负责南方电网范围内的定额标准管理。

2006年10月，为贯彻落实南方电网公司"完善、规范、巩固、提高"总体要求，统一规范建设管理、统一设备标准，南方电网公司组织编制并发布了500kV和220kV变电站标准设计（含造价），共21个方案，其中500kV变电站标准设计8个方案，220kV变电站标准设计13个方案，初步构建了变电站标准设计体系，标准设计的推广应用对控制工程造价、降低建设和运营成本发挥了重要作用。

2007年11月，为进一步落实南方电网公司"强本、创新、领先"的理念，补充完善变电站标准设计体系，南方电网公司组织编制并发布了110kV变电站标准设计，变电站标准设计基本形成完整的体系。

2008年12月，按照南方电网公司管理思想现代化、管理制度规范化、管理手段信息化、管理机制科学化的要求，科学建立和健全南方电网公司工程建设标准体系，进一步指导和规范南方电网工程建设项目初步设计审批，发布《500kV及以上输变电工程初步设计审批管理办法（试行）》，该办法明确了500kV及以上输变电工程初步设计审批中各相关部门单位和各分、子公司的职责和权限，南方电网公司计划部门负责组织500kV及以上输变电工程初步设计审查和审批。

2009年9月，南方电网公司计划部门发布《中国南方电网有限责任公司电网工程造价管理办法》，首次对可行性研究投资估算、初步设计概算、施工图预算、工程结算等造价文件编制的原则、依据、标准、审查、批复以及电网工程造价的管理内容进行了详细的规定，该办法是该时期工程造价管理的重要成果，根据电网工程的电压等级、项目重要性及投资规模，确定了南方电网公司总部和各分、子公司的管理权限以及相关单位的职责，初步规范了可行性研究、设计和结算阶段的造价管理，对合理确定工程投资、有效控制工程造价、提升电网工程造价管理水平具有重要意义。

2002—2009 年期间，南方电网公司通过积极探索，初步建立了 110kV 及以上变电站标准设计体系，造价管理制度和技术标准体系初步搭建，形成了以国家造价相关的法律法规为基础、行业标准为依据、企业标准为补充的造价管理框架，工程造价管理处于起步探索阶段。

4.2 持续规范及创新发展时期（2010 年至今）

（一）第一阶段（2010—2016 年）

2010 年，南方电网公司推动"一体化、规范化"管理，通过集团化管理模式、一体化管理制度，实现管控模式转变，加强有效管控能力，明晰各层级管理定位和管理关系，实现组织架构、业务流程、管理制度、技术标准、作业标准、指标体系和信息系统七个方面的统一和规范，提升综合经营效益。

2010 年 6 月，为推动基建"一体化、规范化"管理，南方电网公司成立专门的基建管理部门，强化基建管理组织架构建设，抓总部基建部门建设，解决基建系统过去缺"头脑"问题，抓业主项目部建设，解决基建缺"手脚"和业主缺位问题，建立资产全生命周期管理理念，在全网推行标准设计、标准工艺、典型造价，强化质量意识、创建优质工程、降低建设成本，通过推进基建"七个一体化"和强化"六个管理"（见图 4-1），电网建设管理向精益化方向转变，实现基建管理水平上台阶，造价管理首次在电网建设管理中提升到重要的地位。

图4-1 "七个一体化"和"六个管理"

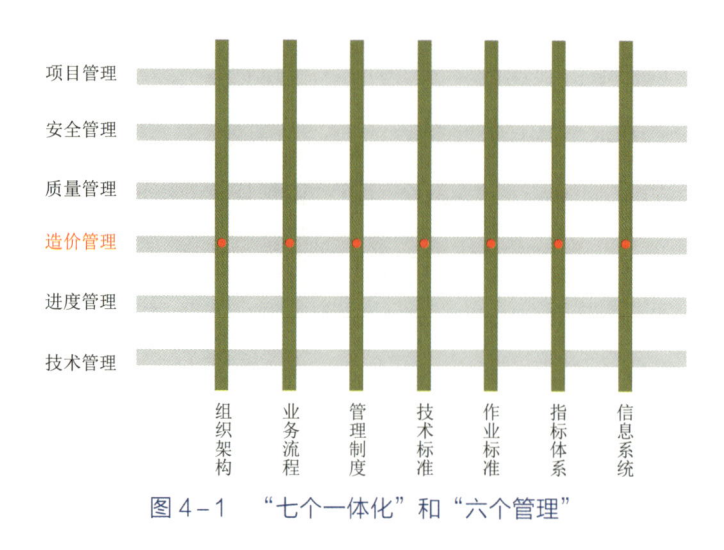

1. 组织架构发展变迁

2010年12月，印发《中国南方电网有限责任公司基建管理规定（2010年版）》，调整基建工程建设管理模式，南方电网公司基建工程建设管理实行南方电网公司总部、分子公司、建设单位（业主项目部）三级管理，南方电网公司总部、分子公司负责职能管理，建设单位受委托负责项目建设管理。南方电网公司总部、分子公司基建部门负责编制基建工程相关的管理标准、技术标准和作业标准等，建设单位受南方电网公司总部或省公司委托负责基建工程项目的建设管理，业主项目部代表建设单位开展项目过程管理各项具体工作。中国南方电网有限责任公司电力建设定额站调整由南方电网公司基建管理部门归口管理。

2012年8月，印发《中国南方电网有限责任公司基建管理规定（2012年版）》，南方电网公司基建管理分为职能管理和建设管理，按照集约化、扁平化、专业化原则，实行南方电网公司总部、分子公司、建设单位三级职能管理和建设单位、业主项目部二级建设管理。南方电网公司总部负责编制全网统一的基建管理制度及流程、技术标准和作业标准，负责制定基建管理指标体系，统一建设基建信息系统；分子公司负责编制分子公司内统一的基建管理制度及流程，执行南方电网公司基建管理制度及流程、技术标准、作业标准；建设单位负责执行基建管理制度及流程、技术标准、作业标准，业主项目部代表建设单位开展项目建设管理各项具体工作。

2014年5月，印发《中国南方电网有限责任公司基建管理规定（2014年版）》，南方电网公司基建管理分为职能管理和项目管理，按照一体化、专业化原则，实行南方电网公司总部、分子公司、建设单位三级职能管理和建设单位、业主项目部二级项目管理。

2. 管理制度发展变迁

2011年1月，印发《基建工程造价管理规定（试行）》《基建工程初步设计概算管理规定（试行）》《基建工程施工图预算管理规定（试行）》《基建工程结算管理规定（试行）》，提出建立健全造价管理体系，以设计阶段为重点，进行全过程动态管理，以技术与经济并重，控制造价、提高经济效益的同时，保障技术装备水平，重点加强概算、预算、结算管理，对造价管理职责进行细化，明确了可行性研究估算、初步设计概算、施工图预算、变更费用、工程结算和竣工决算等管理内容和管理要求，实现了工程造价相关方管理的全覆盖，进一步规范和完善了业务流程，为造价工作的顺利开展提供了有力支撑。

2012年8月，印发《中国南方电网有限责任公司基建项目造价管理办法（2012年版）》，优化整合《基建工程造价管理规定（试行）》等四项造价管理制度，更加突出南方电网公司总部、分子公司、建设单位（业主项目部）三级管理的职责和权限，将属于业务指导书的内容剥离，提出以资产全生命周期综合效益最大化为目标,在保证设备技术装备水平和工程质量的前提下,按分阶段静态控制、全过程动态管理方法,通过市场竞争及内部管控,合理控制项目造价,管理内容除可行性研究估算、初步设计概算、施工图预算、变更费用、工程结算和竣工决算管理外,扩展至费用变更、建设预算使用、招标限价、资金使用计划和进度款等工程实施过程费用管理,强调以目标为导向明确造价控制的目标,35kV及以上电网工程以批准的初步设计概算为控制目标,20kV及以下配电网工程以批准的施工图预算为控制目标,进一步强化工程造价过程管理,资产全生命周期管理理念首次引入工程造价管理。

2014年5月,《中国南方电网有限责任公司基建管理规定(2014年版)》中首次明确以施工图预算作为项目造价控制的目标,工程招标执行审定的施工图预算,工程结算不超施工图预算,工程实施过程费用实行费用目标管理,应用赢得值法原理进行项目费用–进度的综合分析和管控,实时监控项目费用、进度与目标值的偏差并采取纠偏措施,实现项目费用和进度的匹配和有效控制,使造价管理进一步精益化。

3. 技术标准发展变迁

2010年12月,在成熟标准设计的基础上,编制并印发《中国南方电网公司110~500kV变电站典型造价(2010年版)》,对原110~500kV变电站标准设计所含造价部分进行统一深化改进,进一步统一了费用标准和设备价格,更好地反映造价水平,形成了统一的造价技术标准,对提高管理水平、控制工程造价,建设"智能、高效、可靠"的绿色电网发挥了重要作用。

2011年1月和9月,南方电网公司组织开展了标准设计和典型造价修制订工作,先后颁布了《南方电网公司110~500kV变电站标准设计和典型造价(2011

年版）》《10kV 和 35kV 配网标准设计和典型造价（2011 年版）》《500kV 输电线路杆塔标准设计和典型造价（2011 年版）》《中国南方电网公司 110～220kV 输电线路杆塔标准设计和典型造价（2011 年版）》，此次颁布的标准设计和典型造价，首次实现各电压等级标准设计和典型造价的全覆盖，在以往各版本标准设计和典型造价的基础上，首次采用了模块化的理念，融入了生产、运行、施工等部门和单位的意见、建议和要求，设计深度接近施工图，能满足施工招标要求，加快工程实施进度；土建设计精细化，能有效提升施工工艺水平；融入了反事故措施和安全、健康、环保的要求，更适应生产运行；精简了设计方案，提高了针对性，统一了部分设备参数、费用标准和设计风格，能覆盖大部分工程的应用实施，有利于控制工程造价、提高经济效益。

2013 年 3 月，为推动电网发展向智能、高效、可靠、绿色方向转变，推进基建一体化技术管理，标准设计和典型造价引入了"全覆盖、分层级、智能绿色"的理念，搭建起 G1—G4 四个层级的框架，编制并发布《中国南方电网公司标准设计和典型造价 V1.0》，基本满足 10～500kV 交流工程设计各阶段要求，标准设计和典型造价 V1.0 共含标准设计方案和模块数量 2115 个、典型造价方案和模块数量 2241 个，标准设计和典型造价 V1.0 贯彻落实南方电网公司一体化要求，发挥"设计是电网建设龙头"的作用，以"向生产移交规范达标、绿色可靠、文档齐全、零缺陷的基建工程"为愿景，统一了南方电网公司基建工程设计标准、设备接口标准和施工工艺标准，提高了整体的设计水平和设备的通用性，促进了南方电网公司基建工程实体质量的整体提升，有利于项目管理、物资采购和运行维护，在实现南方电网公司基建工程高质量复制的同时有效降低了造价。

2016 年 3 月，南方电网公司不断完善优化标准设计和典型造价，编制并发布《中国南方电网公司标准设计和典型造价 V2.0》，标准设计和典型造价 V2.0 包括 35~500kV 变电站标准设计和典型造价、35~500kV 架空线路杆塔标准设计和架空线路典型造价、10kV 标准设计和典型造价，其中 35~500kV 变电站标准设计和典型造价修编后标准设计方案共 27 个，35~500kV 架空线路杆塔标准设计和架空线路典型造价修编后新增模块共计 312 个，10kV 标准设计和典型造价对原 V1.0 的方案及模块进行了大量精简，由原来模块任意组合优化为以典型方案为主配以少量模块，形成室内配电站、户内开关站、户外开关箱、箱式变电站、台架变压器、电缆及架空线路标准图集。

4. 作业标准发展变迁

2012 年 8 月，为深入推进基建管理向精细化方向转变，提升对基建项目的管控力度，规范造价管理工作，南方电网公司颁布《电网工程实施过程造价管理工作指导书》《电网工程费用与财务科目对接指导书》《电网工程结算审核及总结算编制指导书》《电网工程造价数据处理与统计指导书》四项造价管理业务指导书，主要适用于 35kV 及以上电网基建工程。四项造价管理业务指导书强化项目建设过程中的造价管理，明确造价管理措施、内容、范围和深度；规范电网工程各项费用的使用，统一建设预结算项目划分与财务科目的对接关系，确保费用使用的合法、合规性，实现建设预结算项目划分与财务科目的无缝对接；规范电网工程结算审核及总结算编制工作，提高工程结算质量；规范电网工程造价数据处理与统计工作，提高造价数据处理及统计工作的效率，确保造价数据的及时性与准确性。

2013 年 9 月，为规范电网基建项目管理，提升配电网基建项目造价管理水平，南方电网公司颁布《基建项目造价管理业务指导书（配电网部分）》，明确了 20kV 及以下配电网工程可行性研究估算、施工图预算、工程实施过程费用管理、工程结算、数据处理与统计等管理内容和管理要点，实现了电网建设项目造价管理业务指导书的全覆盖。

2014 年 10 月，根据基建项目管理模式和界面的调整，优化整合造价管理业务指导书，颁布《基建项目造价管理业务指导书（2014 年版）》，该业务指导书适用范围涵盖 35kV 及以上电网项目及小型基建项目、20kV 及以下电网项目和小型基建项目，业务范围包含可行性研究估算、初步设计概算、施工图预算、工程实施过程费用、工程结算、竣工决算管理，进一步明确了基建项目造价管理内容和管理要点，统一了业务表单。

2015 年 12 月，根据新的管理要求，进一步补充完善造价管理内容，颁布《基建项目造价管理业务指导书（2015 年版）》，在可行性研究估算、初步设计概算、施工图预算、工程实施过程费用、工程结算、竣工决算管理基础上，补充造价水平分析、设备材料信息价、造价信息化规约、持证上岗和考核评价等管理内容，至此，基建项目造价管理业务指导书已形成完整的体系。

5. 指标体系发展变迁

2011 年 3 月，印发《基建关键指标（KPI）辞典（2011 年版）》，以发挥基建关键指标在基建管理中的监督引导作用，促进基建规范化、标准化管理，关键指标共设置战略指标、管理指标和操作指标三个层次，造价管理战略指标和管理指标均设置为造价控制率，操作指标设置为造价控制率、结算超概算项目数和工程重大变更数，引导网省公司重点关注造价控制情况，建设单位重点关注造价结余、超概算和重大变更等造价控制情况，造价控制率指标以统计时段内所有项目的概算总投资与结算总投资对比，较难反映真实的造价管理水平。

2012年，印发《基建指标体系（2012年版）》，造价管理指标以引导和反映真实的造价管理水平为导向，利用正态分布理论、结算对比概算的结余程度（见图4-2），将战略、管理和操作指标统一设置为"工程造价控制指标"，完善了指标设置及计算方法。

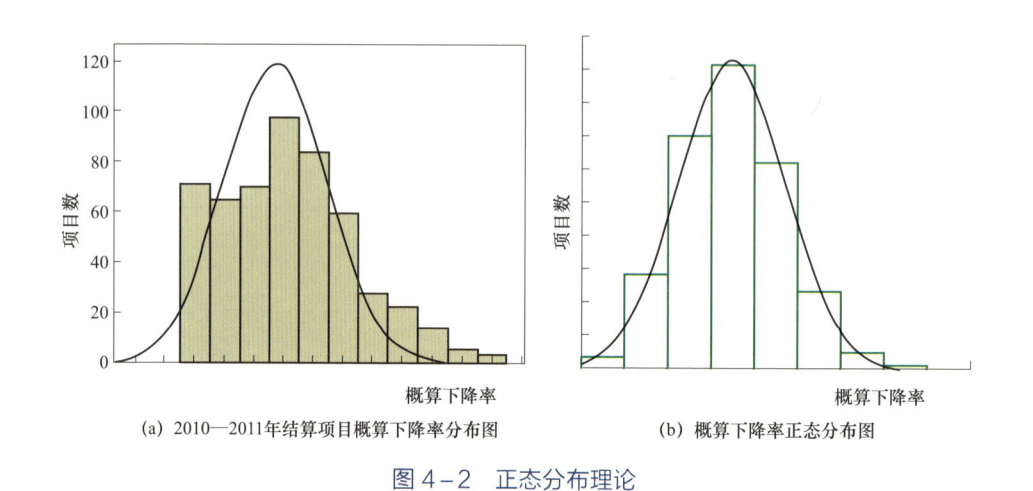

(a) 2010—2011年结算项目概算下降率分布图　　(b) 概算下降率正态分布图

图4-2　正态分布理论

2014年4月，印发《基建关键指标（KPI）辞典（2014年版）》，造价管理的战略指标、管理指标和操作指标统一设置为"综合评价指标"，造价综合评价指标既注重结果，又能客观评价建设全过程造价管理水平，综合评价指标以工程造价控制指标、典型造价应用率、以施工图预算控制施工招标价的项目比例、变更费用占预备费比例、总结算报告编制率和基建项目赢得值管理六项指标加权得分，其中工程造价控制指标以结算对比施工图预算的结余程度设置，基建项目费用以施工图预算控制，管理更精细，鼓励建设单位合理控制造价、减少工程浪费、节约工程投资，在投资可控前提下，充分保障项目的顺利实施。

2015年7月，为进一步加强基建指标管理，发挥关键指标的导向作用，印发《南方电网公司基建关键指标（KPI）辞典（2015年版）》，造价管理的战略指标和管理指标统一设置为工程造价控制指标，操作指标设置为工程造价控制指标和变更费用占预备费比例，造价管理指标更趋直观，导向作用更强。

6. 信息化发展变迁

2013年9月，颁布《基建项目造价信息化规约（电网工程部分）》。该规约对费用编码、概（预）算、投标限价（投标报价）、工程结算文件格式进行了规范，包括基建项目划分费用编码、概（预）算规约、投标限价（投标报价）规约、工程结算规约四部分；统一了造价成果文件格式，方便造价数据导入基建一体化信息系统，有利于实现造价信息化、智能化管理，提高造价管理效率，提升造价信息化管理水平。

（二）第二阶段（2017年至今）

2016年，南方电网公司提出"总部抓总、省公司做实、基层供电局强基、竞争类公司搞活"的管控思路，优化调整业务分类、事权调整等管控模式，总部要谋大事、布大局，抓投资管控、标准制订、资源配置、监督考核和政策研究；省公司要保安全、优服务、抓经营、强管理，强化区域管理责任和权利，突出独立法人实体和经营实体地位；地市、区县供电局是生产运营执行主体、客户服务执行主体，要强化管理基础、技术基础。

为贯彻落实南方电网公司"两精两优、国际一流"（即创建管理精益、服务精细、业绩优秀、品牌优异的国际一流企业）发展战略和185611发展目标要求，打造安全、可靠、绿色、高效的智能电网，南方电网公司基建管理根据"总部管总，省公司做实，地市、区县局强基"的管控思路，优化调整基建管理业务和管控模式，完善基建管理相关部门、单位的职责和定位以及管理的主要内容和总体要求、总体流程。

2017年9月，印发《中国南方电网有限责任公司基建造价管理办法（2017年版）》，并废止基建造价管理业务指导书，除电网和电源项目外，将小型基建项目纳入基建造价管理，基建造价管理以资产全生命周期综合效益最大化为目标，遵循依法合规、科学合理和有效控制的原则，合理确定工程造价水平，分阶段静态控制、全过程动态管理，实现各阶段工程造价的有效控制，强化工程造价管理依法合规，首次规定编制和发布造价控制线，用以考核各单位的造价水平控制情况。

2020年8月，为适应南方电网公司推进高质量发展、实现战略转型、建设具有全球竞争力的世界一流企业的需要，进一步规范公司基建造价管理，印发《中国南方电网有限责任公司基建造价管理办法（2020年版）》，固定资产投资计划的电网、电源、小型基建等基建项目和纳入统一建设项目［生产技改项目（购置类、应急类除外）、政府或外部单位出资委托实施的迁改项目］均纳入基建造价管理。除总承包项目外，电网基建项目和小型基建项目在开工前审定施工图及预算，并以审定的施工图预算控制中标价格和结算，35kV及以上电网基建项目和小型基建项目可按照工程量清单模式进行施工招标采购，首次在造价管理制度中明确工程量清单招标模式，招标方式更加多元化，工程结算取消了时限规定。

2019年11月，依托智能电网示范区建设、有序推进配电网智能技术应用，在总结试点工程建设实践经验的基础上，融合"云、大、物、移、智"等新技术，发布《标准设计和典型造价V3.0（智能配电第一至第三卷）》，包含智能配电站9个模块、智能开关站3个模块、台架变压器智能台区4个模块，进一步提升电网建设与运营水平。

2021年4月，为贯彻落实南方电网公司发展战略，全力推动南方电网公司向数字电网运营商、能源产业价值链整合商、能源生态系统服务商转型，加快建成安全、可靠、绿色、高效、智能的现代化电网，积极构建新型电力系统，发布《标准设计和典型造价 V3.0（智能配电第四至第七卷）》，包括中压架空线路、中压电缆线路、配电网通信、低压线路自动化智能化共 58 个模块。

4.3　本章小结

本章主要阐述南方电网造价管理工作发展历程，回顾了南方电网公司管理机构成立及探索时期、成熟及创新发展时期工程造价管理机构、管理制度、技术标准、工作标准、指标体系及信息化工作的变迁，通过不断探索创新，形成了规范、完整的工程造价管理思路和管理体系，在南方电网公司造价精准管控中发挥了重要作用，提升了电网建设效益。

中国南方电网有限责任公司电网工程造价专业培训教材——
从历史视角看计价模式及管理

第 5 章 "两区一港"造价模式改革方向

5.1 适应新形势的工程造价改革

自 2016 年以来，国家层面发布了一系列有关"两区一港"建设的战略性文件。"两区一港"指粤港澳大湾区、中国特色社会主义先行示范区、海南自由贸易港。

粤港澳大湾区（Guangdong-Hong Kong-Macao Greater Bay Area，GBA）由香港、澳门两个特别行政区和广东省广州、深圳、珠海、佛山、惠州、东莞、中山、江门、肇庆九个珠三角城市组成，总面积 5.6 万 km^2，2020 年末总人口已超过 7000 万人，是中国开放程度最高、经济活力最强的区域之一，在国家发展大局中具有重要战略地位。

2016 年 3 月，《中华人民共和国国民经济和社会发展第十三个五年规划纲要》正式发布，明确提出"支持港澳在泛珠三角区域合作中发挥重要作用，推动粤港澳大湾区和跨省区重大合作平台建设"；同月，国务院印发《关于深化泛珠三角区域合作的指导意见》，明确要求广州、深圳携手港澳，共同打造粤港澳大湾区，建设世界级城市群。2017 年 7 月 1 日，习近平出席《深化粤港澳合作推进大湾区建设框架协议》签署仪式。2019 年 2 月 18 日，中共中央、国务院印发《粤港澳大湾区发展规划纲要》。按照规划纲要，粤港澳大湾区不仅要建成充满活力的世界级城市群、国际科技创新中心、"一带一路"建设的重要支撑、内地与港澳深度合作示范区,还要打造成宜居宜业宜游的优质生活圈,成为高质量发展的典范。以香港、澳门、广州、深圳四大中心城市作为区域发展的核心引擎。

推进粤港澳大湾区建设,是以习近平同志为核心的党中央作出的重大决策,是习近平总书记亲自谋划、亲自部署、亲自推动的国家战略,是新时代推动形成全面开放新格局的新举措,也是推动"一国两制"事业发展的新实践。推进建设粤港澳大湾区,有利于深化内地和港澳交流合作,对港澳参与国家发展战略、提升竞争力、保持长期繁荣稳定具有重要意义。

深圳,是广东省副省级市、计划单列市、超大城市,国务院批复确定的中国经济特区、全国性经济中心城市和国际化城市。截至 2020 年末,全市下辖 9 个区,总面积 1997.47km^2,常住人口高达 1756 万。

2018 年 12 月,习近平总书记对深圳工作作出重要批示,要求深圳"践行高质量发展要求,深入实施创新驱动发展战略,抓住粤港澳大湾区建设重大机遇,增强核心引擎功能,朝着建设中国特色社会主义先行示范区的方向前行,努力创建社会主义现代化强国的城市范例。"2019 年 8 月 18 日,《中共中央国务院关于支持深圳建设中国特色社会主义先行示范区的意见》(以下简称《意见》)正式发布,支持深圳高举新时代改革开放旗帜,建设中国特色社会主义先行示范区。《意见》再次赋予深圳以特殊使命,明确了深圳先行示范区作为高质量发展高地、法治城市示范、城市文明典范、民生幸福标杆、可持续发展先锋的战略定位。

党和国家作出兴办经济特区重大战略部署以来,深圳经济特区作为我国改革开放的重要窗口,各项事业取得显著成绩,已成为一座充满魅力、动力、活力、创新力的国际化创新型城市。当前,中国特色社会主义进入新时代,支持深圳高举新时代改革开放旗帜、建设中国特色社会主义先行示范区，有利于在更高起点、更高层次、更高目标上推进改革开放，形成全面深化改革、全面扩大开放新格局；有利于更好实施粤港澳大湾区战略，丰富"一国两制"事业发展新实践；有利于率先探索全面建设社会主义现代化强国新路径，为实现中华民族伟大复兴的中国梦提供有力支撑。

海南省，是中华人民共和国最南端的省级行政区，是中国的经济特区、自由贸易试验区。地处中国华南地区，北以琼州海峡与广东划界，西临北部湾与广西、越南相对，东濒南海与台湾对望，东南和南部在南海与菲律宾、文莱、马来西亚为邻。海南省陆地总面积 3.54 万 km^2，其中海南岛 3.39 万 km^2，海域面积约 200 万 km^2。截至 2020 年末，常住人口 1008 万。

2018 年 4 月 13 日，习近平在庆祝海南建省办经济特区 30 周年大会上郑重宣布，党中央决定支持海南全岛建设自由贸易试验区，支持海南逐步探索、稳步推进中国特色自由贸易港建设，分步骤、分阶段建立自由贸易港政策和制度体系。2020 年 6 月 1 日，中共中央、国务院印发了《海南自由贸易港建设总体方案》，并发出通知，要求各地区各部门结合实际认真贯彻落实。2020 年 6 月 3 日，海南自由贸易港 11 个重点园区同时挂牌，海南省把 11 个重点园区作为推动海南自由贸易港建设的样板区和试验区，利用制度创新优势，率先实施相关政策和进行压力测试，推动海南自由贸易港建设加快发展、创新发展。

海南自由贸易港是按照中央部署，在海南全岛建设的自由贸易试验区和中国特色自由贸易港，是党中央着眼于国际国内发展大局，深入研究、统筹考虑、科学谋划做出的重大决策，是彰显中国扩大对外开放、积极推动经济全球化决心的重大举措。

工程造价、质量、进度是工程建设管理的三大核心要素。改革开放以来，工程造价管理坚持市场化改革方向，在工程发承包计价环节探索引入竞争机制，全面推行工程量清单计价，各项制度不断完善，但还存在定额等计价依据不能很好满足市场需要、造价信息服务水平不高、造价形成机制不够科学等问题。

为充分发挥市场在资源配置中的决定性作用，促进建筑业转型升级，2020年7月29日，住房和城乡建设部正式发布《工程造价改革工作方案》（建办标〔2020〕38号）（以下简称《方案》），决定在全国房地产开发项目，以及北京市、浙江省、湖北省、广东省、广西壮族自治区有条件的国有资金投资的房屋建筑、市政公用工程项目上进行工程造价改革试点。

《方案》从改进工程计量和计价规则、完善工程计价依据发布机制、加强工程造价数据积累、强化建设单位造价管控责任、严格施工合同履约管理五大方面提出了工程造价改革的主要任务，明确工程造价管理要坚持"市场化改革方向，在工程发承包计价环节探索引入竞争机制，全面推行工程量清单计价，各项制度不断完善"的发展目标。《方案》的实施，将对电网工程造价模式发展产生重要影响。

2021年5月，国务院印发《关于深化"证照分离"改革进一步激发市场主体发展活力的通知》，规定自2021年7月1日起，在全国范围内实施涉企经营许可事项全覆盖清单管理，按照直接取消审批、审批改为备案、实行告知承诺、优化审批服务四种方式分类推进审批制度改革，同时在自由贸易试验区进一步加大改革试点力度，力争2022年底前建立简约高效、公正透明、宽进严管的行业准营规则，大幅提高市场主体办事的便利度和可预期性。文件还明确在全国范围内，工程造价咨询企业甲级资质认定、工程造价咨询企业乙级资质认定等8项许可事项直接取消审批。工程造价咨询企业资质认定取消将有效降低企业制度性交易成本，优化营商环境，充分激发市场活力和社会创造力，工程造价咨询行业也将进入到"拼人才、拼服务、拼实力、拼品牌"的新阶段。

2021年6月，住房和城乡建设部办公厅发布《关于取消工程造价咨询企业资质审批加强事中事后监管的通知》（建办标〔2021〕26号），明确提出各级住房和城乡建设主管部门要高度重视工程造价咨询企业资质取消后的事中事后监管工作，落实放管结合的要求，健全审管衔接机制，完善工作机制，创新监管手段，加大监管力度，依法履行监管职责。全面推行"双随机、一公开"监管，根据企业信用风险分类结果实施差异化监管措施，及时查处相关违法、违规行为，并将监督检查结果向社会公布。

一方面，国家对区域发展战略规划做出重要指示；另一方面工程造价改革工作势在必行。建设"两区一港"是党中央、国务院在新形势下推动全面深化改革和扩大开放的重大决策，是探索全面建设社会主义现代化强国的新路径，是实现中华民族伟大复兴中国梦的有力支撑。因此，"两区一港"地区顺势而为，按照国家和行业造价管理改革的方向和要求，落实各项规定和举措，力争在工程造价改革领域先试先行，为国家层面改革方案的推进与实施积累经验，也为我国的造价改革发展贡献"两区一港"方案，发挥示范引领作用。

广东省作为全国造价改革试点省份，把握改革新要求，结合省内建筑业市场包容开放、国际成熟做法应用广泛、地处粤港澳大湾区等优势，探索建立健全市场有序竞争形成价格的机制，开拓工程造价管理新局面。广东省标准定额站及有关单位为贯彻落实住房和城乡建设部推进工程造价改革的决策部署，提出要坚定不移沿着住房和城乡建设部关于工程造价改革的方向，弱化定额对工程计价的限制，谋划进一步完善工程造价市场形成机制的各项工作部署；坚定"数据为王"的理念，引导行业共建共享工程造价数据库；加强工程造价监测，从发布具体的造价信息转变为发布人工、材料、项目等造价指标指数，引导市场竞争定价。各单位全力组织具体改革工作，有序推进改革，通过建立广东造价数字化建设的三个系统，即定额动态管理系统、造价纠纷在线处理系统、材料价格监测系统，加快构建工程造价市场形成机制。广东省"试点先行、逐步推广、全面推行"的改革成效逐步显现。

2020年7月，海南省建设工程造价管理协会发布《工程造价咨询改革和相关工作要求事项分析及推动工程造价咨询企业职业责任保险制度建立和发展》，指出目前海南省造价行业在发展中存在的问题，并提出应对措施。主要包括：加强与高等院校合作，提升企业的核心竞争力，提高行业吸引力及从业人员收入水平。编写符合海南建筑市场实际情况的造价行业服务导则，摆脱服务内容单一、重计算、轻分析的现状，为企业向高质量发展寻求路径。建立统一的信用评价标准，提高注册造价师守信意识、工程造价咨询企业诚信经营意识及自律意识。会同招标主管部门及造价主管部门深入调研招投标项目中存在的不合理、不合规的情况，以便进一步改善违规设置招投标门槛的问题。除此之外，根据《关于对在中国（海南）自由贸易试验区依法开展工程造价咨询活动加强事中事后监管的通知（试行）》（琼建规〔2020〕5号），加大对工程造价咨询活动违法行为的查处力度，积极落实"双随机、一公开"监管方式，及时受理并依法查处工程造价咨询活动违法行为的投诉举报并公开结果，保护当事人的合法权益，对严重违法经营的企业及注册造价工程师，依法撤销、吊销有关证照，实施市场禁入措施。上述措施的实施为海南自由贸易港建设和海南省工程造价咨询行业高质量跨域式发展提供了有效支撑。

2021年，广东省住房和城乡建设厅印发《广东省工程造价改革试点工作实施方案》，该方案明确了广东开展工程造价改革试点的7项任务，包括引导试点项目创新计价方式、改进工程计量和计价规则、创新工程计价依据发布机制、强化建设单位造价管控责任、严格施工合同履约管理、探索工程造价纠纷的市场化解决途径、完善协同监管机制。工程造价改革工作分 3 个阶段实施。在准备阶段（2021 年 7—8 月），各地住房和城乡建设主管部门要细化工作方案，明确责任分工和实施步骤，选取本地区试点项目进行试点实施；在试点阶段（2021 年 8 月—2023 年 12 月），要加强技术指导，及时研究解决试点推进过程中出现的问题，不断进行阶段性总结，宣传推广试点经验做法；在提升阶段（2024 年 1 月—2025 年 12 月），要全面总结试点经验做法，进一步完善市场定价体制机制，推动清单计量、市场询价、自主报价、竞争定价的工程计价方式得到更广泛应用。通过加强与发展改革等部门的沟通，省市住房和城乡建设部门形成上下协调一致的工作机制，建立试点工作评估机制和试点工作定期信息报送制度，加大培训宣传力度，办好"造价改革百堂课"，做好政策解读和舆论引导工作，营造全社会支持的良好氛围。改革的目标是到 2023 年年底，基本形成工程造价市场定价机制；到 2025 年年底，进一步完善工程造价市场竞价机制。

2019 年 12 月，南方电网公司提出 28 项重点举措融入和服务深圳中国特色社会主义先行示范区建设，包括高质量推进深圳电网规划建设、提升电网资产管理水平、构建"高电能质量"管理体系、发挥大湾区与示范区"双区驱动效应"、打造世界领先的电力营商环境和本质安全型城市电网、促进深圳能源电力转型发展、推动形成绿色低碳的生产生活方式等，这些举措将对深圳先行示范区的电网建设工程提出更高要求。与此同时，南方电网公司将大力授权放权，在项目审批、物资采购、电网建设定额标准、薪酬激励、市场化用人选人、新兴业务投资、决策权限、信息化建设、创新创业机制等方面给予驻深单位更大自主权。

深圳供电局有限公司也在 2019 年提出融入和服务深圳中国特色社会主义先行示范区建设的行动计划（2019—2025 年），明确了为全力做好融入和服务先行示范区建设的具体工作实施机制，包括 25 项举措和 140 项工作任务，其中包括探索制定符合先行示范区实际的电网建设定额标准，培育技术能力完备、资质优良的承包商队伍，服务深圳电网建设发展；进一步解放思想，研究争取网公司授权支持，在项目审批、物资采购、电网建设定额标准、薪酬激励、市场化用人选人、新兴业务投资、决策权限、信息化建设、创新创业机制等方面给予公司更大自主权等内容，为深圳电网造价管理工作的改革发展带来了新的契机。

2020 年，南方电网公司与深圳市政府签署全面深化合作协议，双方将在打造电网高质量发展高地、建立供用电法律体系示范、打造能源产业核心创新典范、构建现代化供电服务体系标杆、塑造能源可持续发展先锋五个方面全面深化合作，增强深圳核心引擎功能，提升先行示范区的发展活力、动力和竞争力。

目前，以广东、深圳、海南等为代表的"两区一港"地区已开始探索造价改革之路，南方电网公司也发布重点举措，"两区一港"电力工程造价模式未来的改革方向如何，在以下章节会进行开放性的探索。

5.2　探索全过程造价管控发展模式

加入世贸组织后，我国电网工程造价管理面临着更加社会化、竞争化的实践背景，例如电力材料与设备价格的市场化波动等因素都会引起电网投资变动，自学界内提出全过程造价管理概念后，国内机构、研究人员积极展开研讨，从不同的角度和领域分析、探讨、解决造价管理问题。

全过程造价管控是落实《工程造价改革工作方案》（建办标〔2020〕38 号）

要求的重要措施，能够有效强化建设单位造价管控责任，也符合行业对建设项目造价管理的要求，值得在"两区一港"地区大力推广和实践。2017年，中国建设工程造价管理协会发布《建设项目全过程造价咨询规程》（CECA/GC 4—2017），是为了规范建设项目全过程造价咨询活动、提高工程造价咨询成果文件的质量而制定的，适用于新建、扩建、改建等建设项目全过程造价咨询与咨询成果的管理以及对建设项目全过程造价咨询成果质量的监督检查。该规程主要是面向工程造价咨询企业的规程，工程造价咨询企业承担建设项目全过程造价咨询业务时，要树立以工程成本动态控制、价值创造为核心的咨询服务理念，发挥造价管控在项目管理中的核心作用。在建设项目决策、设计、发承包、实施、竣工的不同阶段，依据相关标准规范和项目具体要求编制工程造价咨询成果文件。

根据上述已发布的规程规范，全过程造价管理是指使用一定工程计价依据和造价控制方法，对建设工程项目造价从投资决策、设计、招投标、施工直至竣工交付使用全过程，实施动态的规划、预测、确定和控制，使项目建设过程中造价始终处于受控状态的全部业务行为和组织活动。具体工作内容包括：

（1）决策阶段：投资估算编制与审核、方案比选。

（2）设计阶段：限额设计、方案优选、优化设计、概（预）算编制与审核。

（3）招投标阶段：工程量清单、招标控制价编制与审核、合同谈判和合同条款制定。

（4）施工阶段：工程计量与价款支付、工程变更控制、索赔管理。

（5）竣工验收阶段：竣工结（决）算编制与审核、风险管理、信息管理及后评价等。

2019年，为加强广东省建设工程造价管理，规范建设项目全过程造价管理的内容、范围、要求和质量标准，广东省建设工程标准定额站会同本省部分造价管理部门、建设单位、施工企业以及粤港工程造价咨询公司，认真总结实践经验，参考借鉴国际做法，结合广东省实际，制定了《广东省建设项目全过程造价管理规范》（DBJ/T 15-153—2019）。该规范紧紧围绕项目管理的需求，聚焦造价管控全方位、全要素、全过程，对标国际通行做法，对推动工程造价管理工作向高质量发展、提高广东省建设项目投资效益、全面推行建设项目全过程造价管理具有重要意义。

电力工程项目实施全过程造价管控，一方面需要整个项目造价的管控尽量由一个固定的单位来实施，在这个单位管理下多方参与，只有这样才能够有效地将项目各个阶段的造价进行连接和综合性评估，对强化造价管理单位的责任意识、提高造价管理工作水平、积累造价管理丰富经验，最终实现全过程的电力工程造价管理目标具有重要意义；另一方面需要工程造价咨询单位全过程参与实施，在推进建设项目全过程造价咨询工作初始，制定一份贯穿工程建设全程，统筹预算、设计、建设、验收等全流程的造价控制实施方案，具体实施时针对全过程造价咨询工作开展的各个阶段进行有针对性地管理和优化，对完善设计变更程序、现场信息收集工作等全过程造价咨询工作的开展进行合理化控制。

电力工程项目开展全过程造价管控的主要作用有以下几点：

（1）保障项目决策的可靠性。项目工程造价的合理与否往往对项目的成败造成直接影响，工程造价人员通常对项目预算价格的制定特别重视，部分企业为尽快拿到项目建设权，对项目建设中实际可能出现的额外成本视而不见，导致交接项目时实际结算成本高于项目初期制定的造价，因此工程造价的全过程管理可以有效地保障项目工程决策的可靠性，促进项目决策的前瞻性和合理性。

（2）增强项目的可实施性。在项目工程建设的整个过程中进行全方位的电力工程造价管理能够充分及时地发现和暴露电力工程中出现的问题，并加以及时修正，以加快项目建设速度，提高项目工程建设质量，避免出现实际建设落实工作与初期项目设计不匹配导致的项目脱节现象。实施电力工程造价在项目工程建设的全周期管理中可以极大地增强项目的可实施性，保证工程建设质量。

（3）加强企业对工程造价的审核和监督水平。现有的施工管理模式难以适应当前电力建设跨越式发展的大环境，导致的一系列工程建设问题一时难以克服，而工程全过程内实现对电力工程造价的有效管理可以对建设工期内所花费的成本进行严格控制和执行，也给建设企业提供了对造价成本审核和监督的新标准，有利于提高审核监督水平。

（4）符合我国电力行业高质量发展趋势。电力工程的成本消耗与我国市场经济发展的内部环境相适应，统计数据表明，工程需要的原材料和施工人员的成本会随着市场的波动而发生变化，进行全过程的电力工程造价管控工作，对控制好建设成本与提高资源的利用率具有重要意义，符合当前我国社会及电力建设发展的大方向，有利于满足人民群众对我国电力行业高质量发展的更高需求。

主网项目投资规模大、技术要求高、施工工期长，需要投入大量的物力资源和人力资源，施工会受到众多因素影响，造价管理细致，层次复杂，在建设过程中不可避免会面临多种造价风险，强调进行事前、事中和事后全过程造价控制。而配电网项目投资规模较小，技术相对简单，工期较短，施工中受到外部因素影响较小，造价管理较多进行事前和事后控制。根据目前南方电网基建项目造价管理情况，并结合主网项目和配电网项目的不同特点和管理模式，提出基于风险理论的主网项目全过程造价管控和基于造价指标的配电网项目造价管控。

基于风险理论的主网项目全过程造价管控，即将风险管理与造价管理相结合，对主网工程造价控制的各个阶段进行全面整体分析，划分造价风险因素，并分析不同风险因素对工程造价的影响程度，进而提出各个阶段的造价控制重点，为制定科学合理的全过程造价控制措施提供参考。在前期决策阶段，应重点对线路方案选择与工程选址进行造价风险管理，对线路方案应进行技术经济方案比选，对潜在的重大风险应提前加以控制或规避。在设计阶段，应重点对设计方经验不足造成的风险，以及不重视技术经济方案比选造成的风险进行造价风险管理。针对此阶段，应实行限额设计，应用价值工程理论，在保证设计质量的前提下，合理降低设计参数以优化设计、降低投资。在实施阶段，应重点对设计变更风险进行造价风险管理。针对此阶段，应严把设计变更关，预防预算超概算；应严控材料用量，合理确定材料价；应做好索赔防范与反索赔工作。在竣工阶段，应重点对竣工结算风险进行造价风险管理。针对此阶段，应选择有经验的人编制各个竣工结算，确保其精确性；应进行总结完善，进而逐步提升造价控制水平。

基于造价指标的配电网项目造价管控，即通过制定配电网项目的投资估算、施工图预算、竣工结算造价指标，用来控制新建工程造价水平，将配电网项目造价指标贯穿于项目建设的全过程、全要素、全方位。在决策阶段，建设单位可以通过单位造价指标采取模块化组合方式测算项目总投资，为项目决策者提供理论依据，提高投资计划的下达效率和精准度。在设计阶段，评审专家通过应用单位造价指标与项目建设规模数据分类组合，判断项目施工图预算是否合理。在实施阶段，通过应用造价指标，协助控制资金使用及付款计划、工程变更导致的资金调整、进行动态监控。在竣工结算阶段，可以辅助判断结算的合理性，并以现有造价指标体系为基础，收集后续年度建设完成的配电网工程结算数据，指导开展工程造价分析和项目后评价。

全过程造价管控在电力工程中的应用，可以促使建设单位、设计单位、施工单位及造价咨询单位从项目整个生命周期的角度考虑造价与成本问题，从而实现建设项目全过程总成本的优化，有助于提高工程的经济效益和社会效益。

5.3 推广应用工程量清单计价

在建设工程造价行业，我国过去一直使用传统的定额计价模式，即由国家或行业提供统一的社会平均的人工、材料、机械标准和价格，供用户确定工程造价的模式。定额是计划经济的产物，在计划经济时期，定额作为建设工程计价的主要依据发挥了重要的作用。但是，随着经济体制由计划经济向市场经济的转变，定额的局限性日渐突出。主要表现在：定额的指令性限制了定额应用的灵活性；定额的社会平均消耗量及建设行政主管部门定期发布的材料预算价格不利于市场竞争。

工程量清单是建设工程施工招标人依据工程施工图纸、招标文件要求，以统一的工程量计算规则和统一的施工项目划分规定，为投标人提供实物工程量项目和技术性措施项目的数量清单；投标人结合工程情况、市场竞争情况和企业自身实力，并充分考虑各种风险因素，自主填报清单开列项目中包括工程直接成本、间接成本、利润和税金在内的综合单价与合计汇总价，并以所报综合单价作为竣工结算调整价的计价方式。工程量清单计价法思路：统一计价规则，有效控制消耗量，彻底放开价格，正确引导企业自主报价，通过市场有序竞争形成工程造价。因此使用工程量清单计价法确定工程造价可以克服定额计价的缺点，能够做到工完账清，增加企业的竞争能力，在工程招标中采用工程量清单计价是目前国内外比较通行的做法。

根据住房和城乡建设部《建设工程工程量清单计价规范》（GB 50500—2013）统一规定，全部使用国有资金投资或以国有资金投资为主的建设工程施工发承包，必须采用工程量清单计价。实行工程量清单招标后，各施工企业按照招标人提供的统一的工程量清单，结合工程实际情况和自身实力，自主报价，不再执行原有的专用定额。工程量清单招标是建设工程招投标制度的一次变革，是适应对外开放和国内、国际工程建筑市场的需要，对优化各种相关资源配置、提高经济效益具有十分重要的意义。

根据住房和城乡建设部《工程造价改革工作方案》（建办标〔2020〕38号），工程造价改革主要任务之一是改进工程计量和计价规则：坚持从国情出发，借鉴国际通行做法，修订工程量计算规范，统一工程项目划分、特征描述、计量规则和计算口径；修订工程量清单计价规范，统一工程费用组成和计价规则。通过建立更加科学合理的计量和计价规则，增强我国企业市场询价和竞争谈判能力，提升企业国际竞争力，促进企业"走出去"；通过推行清单计量、市场询价、自主报价、竞争定价的工程计价方式，进一步完善工程造价市场形成机制。

目前"两区一港"地区主要在20kV及以下配电网工程中采用清单计价模式，结合国家规定与工程造价改革方向，未来将在35kV及以上电网基建工程全面推广应用工程量清单计价模式。为了更好地开展"两区一港"电网工程工程量清单计价工作，需要在以下三个方面做出转变：

（1）转变传统工程造价管理意识。提升工程造价管理水平，需要在实际发展中满足现代化市场经济需求，并且对工程造价管理工作进行多角度研究和全面创新。工程造价管理意识的转变是其中最基础的要求和最基本的任务，为此：

1）国家需要构建和工程造价管理相符合的法律体系，在健全法律的基础上为工程造价管理部门提供更为健全的法律支持和帮助，实现工作内容有法可依；

2）工程造价管理者还要积极学习经济知识、价格知识，切实提升自身知识储备，在为管理工作提供良好理论基础的同时，提升造价管理人员的自身素质和工作水平；

3）积极进行管理方法的创新，与实际需求相融合，只有这样才能为后续造价管理措施的合理化和高效化推进提供必要帮助。

（2）改善投标人自主计价环境。推行工程量清单计价方法，从根本上改变计价依据、计价方法和计价理念，为此需要明确：

1）投标人根据企业定额和市场价格信息，以及对建设期内人工、材料等生产要素价格的动态趋势进行预测后自行确定的"价格"应当成为市场竞争的主要风险因素；

2）工程结算时一般不应再允许抛开投标价格大范围、大幅度地调整"价差"；

3）投标人在计价报价时应充分体现企业自主报价的计价原则和市场竞争形成价格的计价理念；

4）投标人在计价报价过程中，应当在真正拥有自主确定计价依据及价格权利的同时，自行承担计价风险，而不只是形式上的自主计价。

（3）建立信息资源共享平台。应用工程量清单计价模式后，工程涉及的设备、材料等价格均需要根据实际市场价格进行确定，不管是建筑企业还是施工方，都需要关注市场价格的最新变化，在计价环节予以跟进。但是很多单位往往很难在短时间内获取最新的材料价格资料，对此，工程造价管理部门可以联合市场共同建立信息资源共享平台，及时收集真实有效的市场价格信息并在平台中发布，帮助企业及时获取准确且具备时效性的价格信息，实现信息资源的有效共享，避免企业在信息收集环节浪费大量人力、物力资源。

"两区一港"电网工程推广应用工程量清单计价，可以采取以下具体方式开展工作：

（1）推广使用工程量清单招标。35kV 及以上电网基建工程在工程招投标阶段推广应用工程量清单计价，招标工程量清单应由具有编制招标文件能力的招标人或受其委托具有相应资质的电力工程造价咨询人编制。招标工程量清单以单位（项）工程进行编制，由分部分项工程量清单、措施项目清单、其他项目清单、投标人采购设备（材料）表、招标人采购材料表组成。其中其他项目、规费和税金项目清单可执行《电力建设工程工程量清单计价规范》（DL/T 5745—2021）的相关规定进行编制。分部分项工程量清单、措施项目清单的项目名称、项目特征、计量单位、工程量计算规则、工作内容执行《电力建设工程工程量清单计算规范 变电工程》（DL/T 5341—2021）和《电力建设工程工程量清单计算规范 输电线路工程》（DL/T 5205—2021）。

（2）鼓励施工单位编制企业定额。采用工程量清单计价编制的企业投标报价代表的是各施工企业的个别生产成本，是各施工企业通过自主报价参与市场竞争、技术水平与管理水平的综合体现。所以工程量清单计价要求以企业定额为基础，实现个别成本计价。现阶段各施工企业可以以电力概预算定额为基础，根据各企业的实际情况适当修改、调整定额含量及价格，补充缺项子目，通过各类典型工程的成本分析，确定幅度差，为工程量清单计价各分部分项工程综合单价的合理确定与投标竞价提供准确的计价依据。

（3）制定工程量清单计价管理体系。工程量清单计价与传统的定额计价在方法、程序、适用条件等诸多方面均存在着本质差别，它需要建设单位、施工单位、其他单位以及概预算专业人员建立市场价格机制的理念与经营方略，熟练掌握规范"四统一"（统一项目编码、统一项目名称、统一计量单位、统一工程量计算规则）基础之上的个别成本分析技能，方可实施。同时要求造价管理机构与招投标管理机构建立完善的法规保障体系以保证其顺利运行。在工程量清单计价的实施过程中，应遵循循序渐进、稳步推行的方针。

5.4 构建数字造价管理体系

为加快数字电网建设，2019年以来，南方电网公司先后印发实施《南方电网公司数字化转型和数字电网建设行动方案》《南方电网公司数字化转型和数字电网建设促进管理及业务变革行动方案》等。

数字电网的建设过程是传统电网的数字化、智能化、互联网化过程。对传统电网进行数字化转型，遵循网络安全标准和统一电网数据模型构建相对应的数字孪生电网，用先进的数字技术平台，以"计算能力+数据+模型+算法"形成强大的"算力"，依托物联网、互联网打通电网相关各方的感知、分析、决策、业务等各环节，使公司具备超强感知能力、明智决策能力和快速执行能力，让数字电网的边界从传统电网扩展至社会的方方面面，变革传统电网的管理、运营和服务模式，驱动相关产业的能量流、资金流、物流、业务流、人才流的广泛配置，用"电力+算力"推动能源革命和新能源体系建设，助力国家经济体系现代化，构建本体安全的数字电网新体系。

在具体建设上，南方电网公司着力建设数字电网，提升能源资源协同和配置能力；大力建设数字企业，促进公司治理和运营的现代化；持续优化数字服务，不断满足人民日益增长的美好生活的电力需要；大力发展数字产业，助力现代产业体系建设和经济体系优化升级。南方电网公司提出的"数字电网"是"数字中国"在电网行业的具体实践，见图 5-1。南方电网公司将先进数字技术与业务深度融合，实施数字化转型，建设数字电网，推动公司向智能电网运营商、能源产业价值链整合商、能源生态系统服务商转型，建设具有全球竞争力的世界一流企业。

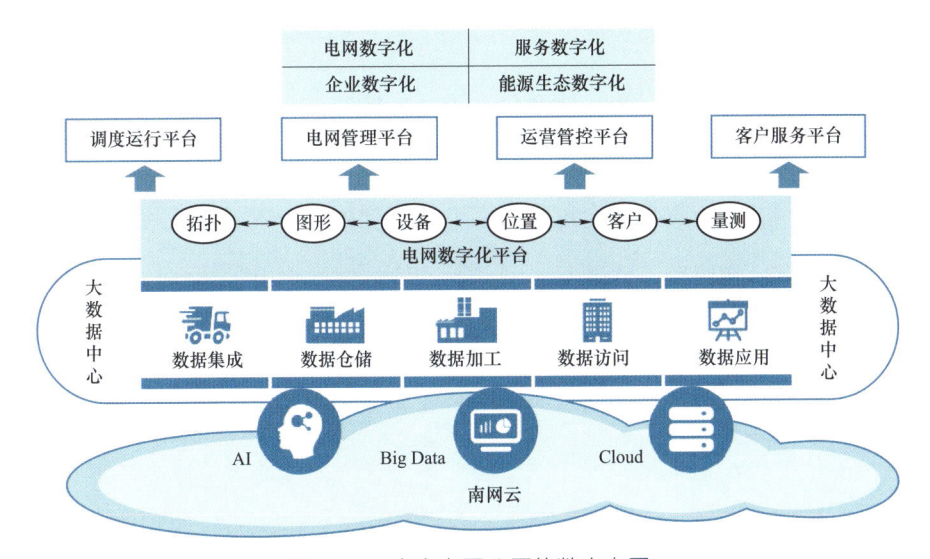

图 5-1 南方电网公司的数字电网

目前，南方电网公司已建成"南网云平台"和具备千万台智能终端接入能力的物联网平台等基础平台体系，形成了统一电网数据模型并建成了数字孪生变电站；实现了人工智能的广泛应用，全网用电客户全天候全业务线上办理"一次都不跑"；实现了与广东政务服务、粤省事、粤商通等平台的对接，在深圳开出了基于"区块链"技术的电费发票。与此同时，5G 智能共享配电房、南方区域电力市场 AI 应用生态平台等一批基于数字电网的创新应用、创新服务不断涌现。

未来"两区一港"数字电网发展还应注重提高电网工程造价数据资产积累迭代和利用开发意识，整合现有规模小、效率低、能耗高的分散数据资源，加强对市场价格信息、造价指标指数、典型工程信息等各类型、各专业技经数据的综合开发利用，开展数据质量治理，实现多源异构的技经数据和建设生产数据的融合，并不断接入社会、经济等外部大数据，为电力工程决策、规划、建设、运行提供数据支持，实现规范化操作、协作化运行、科学化决策。未来"两区一港"数字电网发展还需深入研究与数字电网配套的数据应用需求，提出深度融合的大数据的解决方案，在项目、企业、行业各层面确定数据资产的形成规则，逐步构建科学集约、安全可靠的全过程数字造价管理体系。

南方电网公司所提出的全过程数字造价管理体系的内涵就是利用 BIM、云计算、大数据、物联网、移动互联网、人工智能、区块链等数字技术引领工程造价管理转型升级。未来主要的发展方向有以下几点：

（1）业务全流程数字。通过对电网企业业务流程的完整描述，实现企业数据的信息化描述。在企业的全生命周期业务流程中实现完整的信息化描述，具体体现为规划、设计、建设和运行各个阶段，都要有信息系统的支撑，实现企业的总体业务协调发展。具体而言：规划阶段，通过规划信息系统对规划工作提供基础的规划信息的集成和整合，实现规划的数字化编制和发布；设计阶段，将规划信息系统通过对项目的设计工作提供到设计平台，为项目的施工设计提供信息支持；建设阶段，通过项目全过程信息系统实现项目进展情况和预计完成信息的数字化描述；运行阶段，通过 PMS（项目管理系统）将现状电网信息的生产流程进行数字化描述。

（2）基于 BIM 的工程造价生成。BIM 技术全称为建筑信息模型技术，BIM

技术最开始是在 2002 年由 Autodesk 引入到大众的关注之下，并且迅速得到了全球各界人士的认可与赞扬。2002 年住房和城乡建设部联合发展和改革委员会以及相关部门联合印发《关于推动智能建造与建筑工业化协同发展的指导意见》，目的是想加快新型信息技术与建筑行业的融合，推动建筑工业化技术进程与发展，在大数据背景下建造建筑信息模型数据库，实现设计、开工、完工一系列工作的一体化，推动创新型建筑工业化发展，同时也鼓励培养建筑企业需要的高精尖技术人才。

BIM 技术不仅可以建立三维立体模型（见图 5-2），还能对工程造价进行管理。以 BIM 模型为基础按照 BIM 建筑模型的各个构件自动挂接上对应的清单和定额，这样就可以实时计算出造价，如果模型有变更修改，就可以在造价中有所体现，真的达到一处修改实时计量的工作模式。基于 BIM 的自动化算量方法将造价工程师从烦琐的机械劳动中解放出来，节省时间和精力用于更有价值的工作。BIM 模型是一个存储项目构件信息的数据库，可以提供造价编制所需的项目构件信息，从而大大减少根据图纸人工识别构件信息的工作量以及由此引起的潜在错误。BIM 模型丰富的参数信息和多维度的业务信息还能够辅助不同阶段和不同业务的成本分析和控制能力，能够以最少的时间实时实现任意纬度的统计、分析和决策，保证了多维度成本分析的高效性和准确性。BIM 技术通过数据模型管理方式，为工程造价管理的各个环节提供了更科学合理的数据信息参考依据，科学避免了各个阶段可能出现的工作风险，有效提高了工作效率和经济效益。

（3）基于智慧工地的现场造价管理。智慧工地是指运用信息化手段，通过三维设计平台对工程项目进行精确设计和施工模拟，围绕施工过程管理，建立互联协同、智能生产、科学管理的施工项目信息化生态圈，并将此数据在虚拟现实环境下与物联网采集到的工程信息进行数据挖掘分析，提供过程趋势预测及专家预案，实现工程施工可视化智能管理，以提高工程管理信息化水平，从而逐步实现绿色建造和生态建造。

图 5-2 变电站三维立体模型

未来的工程造价现场管理可着眼于智慧工地，实现造价管理流程再造，见图 5-3，围绕人员、机械、材料、施工工艺和方法、环境、安全等关键要素，综合应用区块链、工业互联网、人工智能、大数据、5G 技术和智能设备等信息化手段，畅通造价管理与其他管理活动的信息沟通渠道，提高造价预估能力，降低造价异常的检测和反馈时间，提高造价管理意见的针对性、适用性，实现工程造价管理控制的数字化、精准化、智慧化。

（4）基于大数据的造价水平分析及预测。传统的工程造价工作分为工程计量和计价两个部分。要计算一个项目的工程造价需要根据图纸详细计算各项工程量，再套用相应的定额或指标进行组价，最终得出项目的工程造价。因目前造价数据统计和分析的有限性，没有详细的方案和图纸无法完成工程造价的计算。

图 5-3　智慧工地管理平台

大数据的发展为数据的利用提供了更加广阔的空间，通过大数据技术及平台，见图 5-4，可以对具有异构性、多维度、时效性、层次性的工程造价数据进行全量挖掘，提取工程项目的功能、人工、材料、工期等各项指标，从而依据工程项目实施方案、设计方案、施工方案的不同快速得出相应的工程造价，计算出最有利的价值组合，为建设项目增值。

图 5-4　大数据平台

对于大数据的应用，最基本的应用就是预测。我们可以利用大数据的技术能力，对以往数据进行分析，预测工程造价和工程价值。相较于以往的抽样研究，大数据进行的是全量分析，可以使预测的结果更可靠。利用大数据技术可以分析众多项目不同时间、不同空间维度的造价数据，实现从项目前期到项目结束全过程的数据分析，为项目的造价控制提供有利保证。

（5）基于区块链技术的造价数据管理。工程造价数据管理的及时性、完整性、真实性和正确性等要求，决定了工程造价数据必须做到有效存储和快速检索。通过区块链技术能完美解决造价数据管理中遇到的问题，实现造价数据的存储、传递、变更过程可追溯，并防止信息被篡改，有效提高造价信息的透明度。

通过哈希函数生成哈希值，哈希值的唯一性为区块识别提供了便利，用哈希值标记的区块环环相扣，对任意区块做出任何一点改变都会导致此区块以后的所有区块发生变化，这使得区块链上的数据不能被任意修改或删除。该技术若用于记录工程造价信息的形成过程，将使得原件可追溯，有效解决了信息易篡改的问题，符合项目造价信息管理要求；从利用便利来看，区块链把信息和元数据融为一体，有效解决了目前电子档案文件单一原文档和重复备份之间的管理难题。区块链技术融入造价数据管理中能够实现管理效率和质量本质的提升，推动工程造价管理方式的变革。

5.5 建立工程造价指标指数

根据住房和城乡建设部《工程造价改革工作方案》（建办标〔2020〕38号），工程造价改革第三项主要任务是加强工程造价数据积累：加快建立国有资金投资的工程造价数据库，按地区、工程类型、建筑结构等分类发布人工、材料、项目等造价指标指数，利用大数据、人工智能等信息化技术为概预算编制提供依据；加快推进工程总承包和全过程工程咨询，综合运用造价指标指数和市场价格信息，控制设计限额、建造标准、合同价格，确保工程投资效益得到有效发挥。

因此，充分利用工程造价全过程咨询的大数据，建立指标指数，并结合相关的投资、税收数据，形成电力工程造价市场指数体系，建立动态发布机制，是当前电力行业推动工程造价改革的重点途径。

为规范建设工程造价指标指数的分类与测算方法，提高建设工程造价指标指数在宏观决策、行业监管中的指导作用，更好地服务建设工程相关主体，2018年3月，住房和城乡建设部联合国家质量监督检验检疫总局发布《建设工程造价指标指数分类与测算标准》（GB/T 51290—2018），该标准是国家层面发布的首个造价指标指数标准，适用于新建房屋建筑与装饰工程、仿古建筑工程、通用安装工程、市政工程、园林绿化工程、矿山工程、构筑物工程、城市轨道交通工程和爆破工程造价指标指数的分类与测算。该分类与测算标准统一了造价指标指数的分析方法、测算内容，有助于对建设项目进行深度的技术和经济评审分析，为投资估算、设计概算、施工预算、竣工结算的造价管理提供了有力支撑。

该标准规定"建设工程造价指标按照用途分为：经济指标、主要工程量指标、主要工料价格及消耗量指标""建设工程造价指数分为建设工程造价综合指数、单项工程造价指数、工料机市场价格指数等"，可采用数据统计法、典型工程法和汇总计算法进行计算。

2018年6月，为了构建科学、统一、规范的输变电工程技术经济指标体系，提升技术经济管理水平，提高投资效益，国家能源局发布《变电工程技术经济指标编制导则》(DL/T 5548—2018)、《输电工程（架空线路）技术经济指标编制导则》(DL/T 5549—2018)，是电力行业内关于造价指标指数的首套标准。两项标准分别适用于"35kV 及以上电压等级变电站新建、扩建工程"和"35kV 及以上电压等级新建输电工程（架空线路）"。

两项标准规定："技术经济指标按照类别应分为一级指标、二级指标、变化率指标、造价指标和辅助指标；按照属性应分为总量指标、平均指标和相对指标；按照专业应分为技术类指标和经济类指标。"其中，变电工程和架空线路工程的技术经济指标（部分），见表 5-1 和表 5-2。2015—2019 年度新建变电站工程和架空线路工程的单位造价对比见表 5-3 和表 5-4。

表 5-1　　　　　变电工程技术经济指标（部分）

指标级别	指标类型		指标名称	单位	计算公式
一级指标	总量指标	技术类	工程总数量	项	Σ变电站数量
			工程总容量	kVA	Σ本期变电容量
		经济类	工程静态总投资	万元	Σ变电工程静态投资
			工程动态总投资	万元	Σ变电工程动态投资
	平均指标		单位容量造价	元/kVA	Σ变电工程静态投资/本期变电容量
二级指标	总量指标	经济类	建筑工程费	万元	Σ建筑工程费
			设备购置费	万元	Σ设备购置费
			安装工程费	万元	Σ安装工程费
			其他费用	万元	Σ其他费用
	平均指标		单位容量建筑工程费	元/kVA	Σ建筑工程费/本期变电容量
			单位容量设备购置费	元/kVA	Σ设备购置费/本期变电容量
			单位容量安装工程费	元/kVA	Σ安装工程费/本期变电容量
			单位容量其他费用	元/kVA	Σ其他费用/本期变电容量

续表

指标级别	指标类型		指标名称	单位	计算公式
二级指标	相对指标	经济类	建筑工程费占比	%	∑变电工程建筑工程费/变电工程静态投资×100
			设备购置费占比	%	∑变电工程设备购置费/变电工程静态投资×100
辅助指标	总量指标	经济类（建筑）	场地平整费用	万元	∑场地平整费用
			地基处理费用	万元	∑地基处理费用
		经济类（安装）	电力电缆、控制电缆费用	万元	电力电缆费用+控制电缆费用
			电缆辅助设施及防火费用	万元	电缆辅助设施费用+电缆防火费用
变化率指标	相对指标	技术类	工程总容量变化率	%	（报告期总容量－基期总容量）/基期总容量×100
		经济类	工程静态总投资变化率	%	（报告期静态总投资－基期静态总投资）/基期静态总造价×100
			工程动态总投资变化率	%	（报告期动态总投资－基期动态总投资）/基期动态总投资×100
造价指数	相对指标	经济类	变电工程价格指数		报告期单位容量静态投资/基期单位容量动态投资
			建筑工程费指数		报告期单位容量建筑工程费/基期单位容量建筑工程费

表 5-2　　架空线路工程技术经济指标（部分）

指标类别	指标属性		指标名称	单位	计算公式
一级指标	总量指标	技术类指标	工程总数量	项	∑架空线路工程数量
			工程折单总长度	km	∑架空线路折单长度
		经济类指标	工程静态总投资	万元	∑架空线路工程静态投资
			工程动态总投资	万元	∑架空线路工程动态投资
	平均指标	经济类指标	单位长度造价	万元/km	∑架空线路工程静态投资/架空线路折单长度
			单位容量长度造价	元/(kV·km)	∑架空线路工程静态投资/架空线路容量长度积

续表

指标类别	指标属性	指标名称	单位	计算公式
二级指标	平均指标	经济类指标	单位长度本体工程费用	万元/km	∑架空线路工程本体工程费用/∑架空线路折单长度
			单位长度其他费用	万元/km	∑架空线路工程其他费用/∑架空线路折单长度
变化率指标	相对指标	经济类指标	单位长度造价变化率	%	(报告期单位长度造价−基期单位长度造价)/基期单位长度造价×100
			概算较估算变化率	%	∑(架空线路工程概算动态投资−架空线路工程估算动态投资)/∑架空线路工程估算动态投资×100
造价指数	相对指标	经济类指标	架空线路工程造价指数	无	∑(报告期单位长度造价×权重)/度(基期单位长度造价×权重)
辅助指标	平均指标	技术类指标	单位长度塔材量	t/km	∑塔材量/∑架空线路折单长度
			单位长度线材量	t/km	∑线材量/∑架空线路折单长度

表 5−3　2015—2019 年度新建变电站工程单位造价对比表（元/kVA）

年份	110kV	220kV	500kV	总计
2015	428.23	328.54	151.59	278.19
2016	413.25	382.83	165.74	345.23
2017	435.93	356.93	266.58	392.68
2018	419.07	312.33	181.72	314.54
2019	377.34	339.76	168.80	300.59

表 5−4　2015—2019 年度架空线路工程单位造价对比表（万元/km）

年份	110kV	220kV	500kV	总计
2015	78.05	115.96	396.49	139.79
2016	87.67	138.11	262.65	141.57
2017	82.22	129.19	252.44	138.85
2018	87.21	140.86	239.33	146.15
2019	92.88	139.84	311.39	181.72

第 5 章 "两区一港"造价模式改革方向

在国家工程造价改革方向指引下和国家及行业工程造价指标指数有关标准规定下,"两区一港"地区也开展了有关电网工程造价指标指数的探索研究,并初步构建了由工程造价指数、甲供物资指数、地方性价格指数构成的全过程造价指标指数体系,可采用横纵对比法、指数分析法、因素分析法进行分析测算,见图 5-5。未来还将在以下阶段开展造价指标指数应用方式的研究:

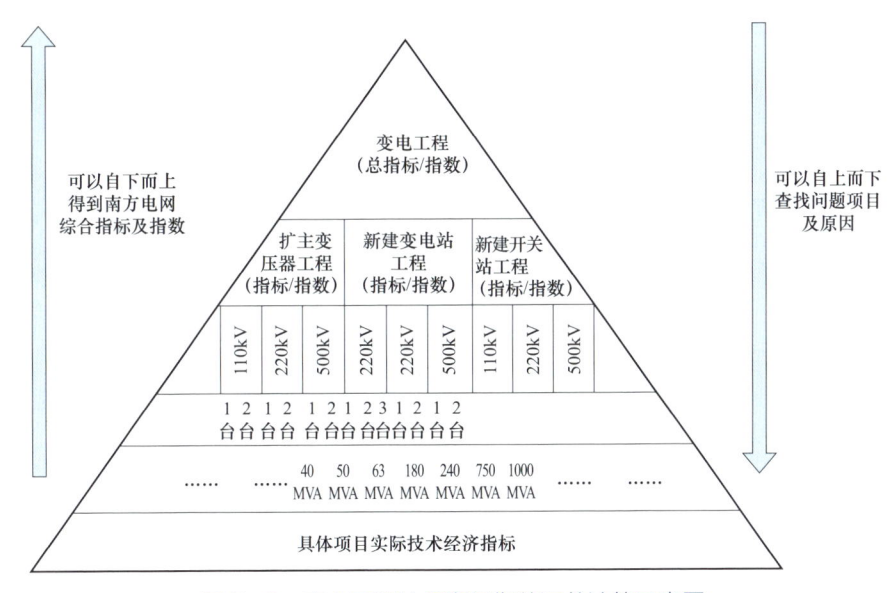

图 5-5 变电工程技经指标指数汇总计算示意图

(1)设计阶段:构建统一的电网工程造价指标指数体系与测算方法,设计单位编制造价文件,并按照约定格式由初步设计概算、施工图预算自动生成设计阶段造价指标。

(2)评审(评估)阶段:建设单位(或委托咨询单位)根据历史造价数据库及造价指数的走势判断造价指标的合理性,并据此判断是否需要开展设计优化工作。

(3)招标采购阶段:将目标造价作为工程项目评价标准的重要参考依据之

一，并且将采购结果反馈至历史造价数据库，以形成更新的同类工程造价指标指数。

（4）工程实施阶段：将评估合理的工程造价指标分解为工程建设阶段的目标造价，建设单位（或委托咨询单位）根据目标造价进行工程各项成本精细化管控，如某项成本偏差较大将实时反馈并追溯原因，进行动态调整与管控。

（5）竣工验收阶段：开展工程结算（决算）实际数据与目标造价的偏离度分析，结合实施阶段过程数据详细分析偏离原因，并将结算（决算）结果反馈至历史造价数据库，自动生成新的造价指标，供后续工程参考使用。

建立工程造价指标和指数可以主要从完善工程造价指标数据库、提高工程造价指数编制的质量、建立工程造价指数体系预测模型三方面具体开展和实施。

完善的工程造价指标数据库，集收集、处理、存储和分析于一身，能为工程参与各方提供交流的平台，促进工程建设中各方面的信息共享。在工程造价指标数据库的建立过程中，要注重信息的真实性和准确性，并完善数据库的检索、处理及汇总分析功能，为指标和指数的应用奠定基础。

在工程造价指数编制过程中，需要严格遵循统一的编制方法，保证造价指数编制的质量，并在吸收先进技术的基础上，注意不同要素的区别和适用性。对于在工程造价管理的领域起着主要作用的综合造价指数，应注重各专业工程造价指数的连接，提高其作为参考指标在计算工程造价中的意义。

工程造价预测是工程造价的重要环节，准确的造价预测能够帮助建筑企业加强对工程造价的控制，从而减少投资风险。在造价预测中，最为核心的部分是构建准确的预测模型。常见的预测模型有多元线性回归、移动平均法、指数平滑法等，应根据建设工程项目特点，选用合适的模型进行预测分析。

建立工程造价指标指数，能够展现南方电网工程造价基本情况，有利于加强输变电工程的建设成本管理，促进造价管理水平的提高，为电网工程建设提供造价依据和建议，更好地助力"两区一港"电网基建项目建设。

5.6 创新造价人才队伍管理

2016 年 3 月，中共中央印发《关于深化人才发展体制机制改革的意见》，该意见的主要目标是通过深化改革，到 2020 年，在人才发展体制机制的重要领域和关键环节上取得突破性进展，人才管理体制更加科学高效，人才评价、流动、激励机制更加完善，全社会"识才爱才敬才用才"氛围更加浓厚，形成与社会主义市场经济体制相适应、人人皆可成才、人人尽展其才的政策法律体系和社会环境。

2020 年，以 5G、特高压、城际高速铁路和城市轨道交通、新能源汽车充电桩、大数据中心、人工智能、工业互联网为代表的新型基础设施建设成为国家重点投入的发展领域，也带动了相关行业就业规模不断扩大，但同时相关核心技术人才缺口的问题也开始显现。据智联招聘发布的《2020 年新基建产业人才发展报告》显示，我国新基建核心技术人才缺口长期存在，至 2020 年末达 417 万人。此外，中国人民大学中国就业研究所发布的《2020 年第二季度应届生就业市场景气报告》显示，分行业和职业来看，新职业、新基建人才缺口较大。

随着新基建及南方电网"两区一港"智能电网的建设与发展，与之有关的工程造价人才是维护建筑市场公平竞争、规范市场秩序、提高投资效益的关键，尤其需要精通业务、善于管理、德才兼备、具有国际视野和战略思维的高素质、复合型人才。在思想道德方面，应爱党爱国、遵纪守法、爱岗敬业，具有良好的职业操守；在职业技能方面，应熟练掌握造价管理理论、定额计价方法、工程量计算规则，熟悉相关计价标准与规范，熟练操作相关造价软件，具备项目管理综合能力，具有一定的决策能力；在社会能力方面，应善于沟通，具有团队精神和协调能力；在个人特征方面，应具有一定的抗压能力和自控能力，有充分的信心和决心做好造价工作；除此之外还应具备创新思维，勇于创新，敢于尝试，具有较高的自学能力。

为促进南方电网"两区一港"智能电网高质量建设，并促进工程造价行业更好适应改革发展新形势，"两区一港"地区将进一步加强工程造价专业人才队伍建设，创新人才引进、管理与培养方式。南方电网公司已制定企业造价人才培养与发展战略规划，创新造价人才培养模式和选拔模式，引导、支持高校和企业联合的造价人才教育与培训工作，大力推进校企合作，开展校企联合培养试点，探索产学研用一体化的人才培养机制。未来还可从以下四方面重点加强人才队伍培养与建设：

（1）融入全过程造价管理培养理念。人才的培养要符合行业的发展，结合工程项目全过程咨询理念，以工程项目为核心，根据工作需求分析造价专业所需的职业能力，确定合理的人才培养方案与培训体系，以期达到全过程咨询人才的培养目的。项目全过程管理包括项目决策、立项、施工、运维等内容，各阶段涉及不同的工程造价专业内容，具有很强的实践性，而现有工程造价人才培养还是以阶段形式来呈现，相对比较分散，没有形成全过程造价培养理念。因此在工程造价人员的培养上，一定要抓住全过程咨询这条主线，把各阶段的知识点串联起来，构建具有明显特色的、基于全过程咨询的工程造价知识培养体系。

（2）适应行业发展，满足市场化改革新要求。2021年5月，国务院印发《关于深化"证照分离"改革进一步激发市场主体发展活力的通知》,明确在全国范围内取消工程造价咨询企业资质认定。在当前全面深化改革之际,工程造价行业面临着改革发展的新机遇和新挑战,需尽快转变观念,持续拓展为项目提升核心价值的综合管理能力。应更重视专业人才的年龄结构、专业结构、地域结构、学缘结构的优化配置,高度重视造价工程师及专业人士的管理和培养,学习先进人力资源管理模式,为进一步适应市场化改革培养知识面宽、综合素质高、专业能力强的高端人才。

(3)精准定位,构建合理造价人才梯队。工程造价人员培养应以电力工程技术和现代信息技术为基础,能综合运用管理学、经济学和相关的法律知识与技能,为工程项目的投融资管理、合同管理、工程造价的确定与控制、建设方案的比选与优化、工程施工的成本管理,以及各管理要素的综合优化等提供服务。根据项目投资特点、岗位性质、业务范围,拟将工程造价管理专业人员划分为三类:一是基础型业务技术人员,负责从事电力工程造价文件、招标文件编审等基础工作;二是骨干型业务技术人员,是具备项目合同管理、风险管理、沟通协调能力的人才;三是高端型业务技术人员,是具备行业前瞻性、决策管理、战略制定等能力的复合型人才,见图5-6。

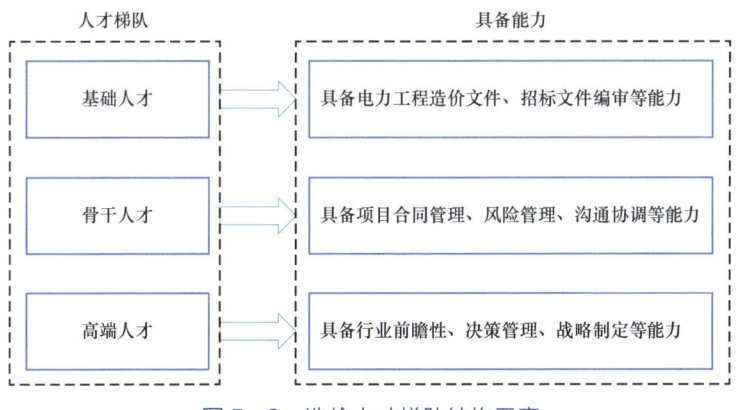

图5-6 造价人才梯队结构示意

（4）践行社会主义核心价值观，提升职业道德素养。党的十八大提出，倡导富强、民主、文明、和谐，倡导自由、平等、公正、法治，倡导爱国、敬业、诚信、友善，积极培育和践行社会主义核心价值观。其中爱国、敬业、诚信、友善是公民个人层面的价值准则。在人才培养的过程中也应加强价值观和道德素养的培育和形成，大力宣传社会主义核心价值体系，提高职业道德水平，践行社会主义核心价值观，爱岗敬业，恪尽职守，乐于奉献，自觉维护公司利益；加强诚信教育，建立诚信评价体系，强化信用意识，树立"诚实做人、诚信做事"理念；树立社会责任意识，积极为社会发展进步贡献力量，从而培养出高素质的造价管理人才，促进公司的全面和可持续发展。

在大力进行人才队伍培养与建设的同时，也应对人才进行合理评价，了解人才实际情况，判断培养效果，从而循环提升人才整体水平。坚持客观公正、注重实绩的原则，依据造价人才的特点采用合适的考核评价机制。评价应体现造价人才的岗位工作要求，重点考核履职能力、解决实际问题的能力。考核方式采用定性与定量相结合，可量化为指标的考核内容采用定量考核方式，无法量化的考核内容采用定性考核方式。人才评价指标可由思想道德、职业技能、社会能力、个人特征四个方面指标组成。通过评价，一方面继续培养和提高不合格造价人员的能力，另一方面选拔具备较高职业素养、业务能力突出、心理素质过硬、具有创新思维的高素质造价人才，从而实现造价人才队伍的不断成长与壮大，打造国内领先、国际一流的电力工程造价人才队伍。

5.7 本章小结

本章在我国计价模式创新发展的背景下，在总结分析主要工程计价模式、电力行业计价模式的基础上，结合南方电网造价管理工作情况，提出探索全过程造价管控发展模式、推广应用工程量清单计价、构建数字造价管理体系、建立工程造价指标指数、创新造价人才队伍管理五大改革方向，为南方电网未来的造价管理创新发展指明方向。众所周知，工程造价改革是大势所趋、发展所需、民生所盼，推进工程造价改革发展，"两区一港"应身先士卒，主动识变求变，奋发有为，勇做锐意进取的改革者，为造价改革贡献力量。

参 考 文 献

[1] 何清谷. 略论战国时期的雇佣劳动 [J]. 陕西师大学报（哲学社会科学版），1981（04）：47-51+61.

[2] 李伯重. 略论唐代的"日绢三尺" [J]. 唐史论丛，1987（01）：101-117.

[3] 于琨奇. 秦汉小农与小农经济 [D]. 北京：北京师范大学，1988.

[4] 王道成. 颐和园修建经费新探 [J]. 清史研究，1993（01）：83-95.

[5] 陆兴龙. 民国时期工人的工资及家庭消费状况简析 [J]. 档案与史学，1995（01）：53-57.

[6] 郑立群，徐大图. 香港工程造价动态管理 [J]. 建筑经济，1995（03）：37-40.

[7] 张瑞宇. 美国工程造价的编制及管理 [J]. 交通企业管理，1995（08）：28-29.

[8] 张瑞宇. 美国工程造价管理 [J]. 中国投资与建设，1995（10）：56-57.

[9] 英国的工程造价管理 [J]. 工程经济，1998（01）：35-37.

[10] 解放前夕北平、天津、沈阳各市物价史料（上）[J]. 民国档案，1999（01）：39-45.

[11] 解放前夕北平、天津、沈阳各市物价史料（下）[J]. 民国档案，1999（02）：34-39+112.

[12] 朱黎. 我国建设工程造价管理研究 [D]. 武汉：华中师范大学，2001.

[13] 夏立明，王振强. 日本工程造价管理体系浅析 [J]. 天津理工学院学报，2001（02）：100-103.

[14] 陈忠平. 日本的工程造价控制与管理 [J]. 中外公路，2002（04）：57-60.

[15] 吴学伟. 中国与英国工程造价管理比较研究 [D]. 重庆：重庆大学，2002.

[16] 董士波. 内地与香港工程造价管理之比较 [J]. 建筑经济，2006（04）：74-77.

[17] 吴学伟，任宏，竹隰生. 英国与香港的工程造价信息管理［J］. 建筑经济，2007（02）：88-90.

[18] 郭红英. 香港工程造价管理体系的特点［J］. 中国建设信息，2007（09）：50-51.

[19] 马文欣. 电网建设工程造价管理理论与应用研究［D］. 河北：华北电力大学，2008.

[20] 黄浩. 火电建设项目造价管理研究［D］. 北京：华北电力大学，2008.

[21] 美国建设项目工程造价管理体系［J］. 电力标准化与技术经济，2008（03）：58-60.

[22] 傅王英. 中国造价工程师专业能力标准体系构建研究［D］. 天津：天津理工大学，2009.

[23] 孙刚华. 汉代雇佣劳动研究［D］. 上海：上海师范大学，2010.

[24] 张春峰. 改革开放以来党对社会主义市场经济理论的探索及其意义［D］. 长春：吉林大学，2010.

[25] 陆德富. 战国时代官私手工业的经营形态［D］. 上海：复旦大学，2011.

[26] 陈立. 电力建设定额版本影响研究［J］. 中国电力教育，2011（15）：32-33.

[27] 阎楷. 电网基建工程造价管理研究与应用［D］. 北京：华北电力大学，2011.

[28] 张伟. 推行工程量清单计价模式下合同管理的必要性和意义［J］. 中国外资，2011（16）：149.

[29] 曹玮，刘文桃. 定额计价模式与工程量清单计价模式的区别和联系［J］. 品牌（理论月刊），2011（Z2）：58.

[30] 刘朝阳. 工程量清单计价在电网建设项目中的应用［J］. 能源技术经济，2012，24（02）：38-42.

[31] 谭光万. 中国古代农业商品化研究［D］. 咸阳：西北农林科技大学，2013.

[32] 魏明孔. 从山陕会馆碑文（碑阴）看清代工匠地位及报酬［J］. 西北师大学报（社会科学版），2014，51（01）：28-32.

[33] 住房城乡建设部关于推进建筑业发展和改革的若干意见 [J]. 工程建设与设计, 2014 (08): 8-11.

[34] 熊迪. 浅谈电力工程造价的控制管理和发展前景 [J]. 东方企业文化, 2014 (23): 158-159.

[35] 葛兆军, 刘薇, 夏华丽. 国家电网公司电力建设定额站发展研究 [J]. 中国电力企业管理, 2016 (03): 50-54.

[36] 陈徐玮. 战国秦汉时期标准化研究 [D]. 西安: 西北大学, 2016.

[37] 胡晓丽, 赵彬. 浅谈日本工程造价管理 [J]. 工程造价管理, 2016 (05): 86-88.

[38] 崔璨. 我国工程咨询业资质管理制度市场化的改革研究 [D]. 赣州: 江西理工大学, 2017.

[39] 程文锦, 张菁菁, 李萍. 英、美、日工程造价管理模式及其特点研究 [J]. 工程造价管理, 2017 (05): 78-84.

[40] 汪景, 丁伟伟. 基于大数据背景下电力工程造价发展趋势探析 [J]. 企业管理, 2017 (S1): 84-85.

[41] 朱凤祥. 春秋战国时期宋国手工业考论 [J]. 商丘职业技术学院学报, 2018, 17 (01): 25-28.

[42] 戴海霞. 国内外工程造价管理发展史及现状 [J]. 现代物业 (中旬刊), 2018 (03): 56-57.

[43] 黎莉芩. 广东探索创新数字造价管理 [J]. 工程建设标准化, 2019 (02): 21.

[44] 马燕. 基于社会主义市场经济条件下的政府投资工程造价管理改革探索 [J]. 工程造价管理, 2020 (02): 73-77.

[45] 王涯茜. 数字化背景下工程造价管理发展的新思考 [J]. 决策探索 (中), 2020 (07): 41-42.

[46] 王秀英. 工程造价指标指数体系研究 [J]. 内蒙古科技与经济, 2020（15）：66-67.

[47] 聂振龙. 我国和英国建设工程造价管理的比较研究 [J]. 建筑经济, 2020, 41（10）：20-23.

[48] 郑建伟. 建设工程造价动态指数指标系统探析 [J]. 建筑技术开发, 2020, 47（23）：92-94.

[49] 尹志军, 丁雪. 中国工程造价管理发展历史梳理 [J]. 工程造价管理, 2021（02）：20-28.

[50] 杜巍. 工程造价管理工作主要环节及改革措施探究 [J]. 科技经济导刊, 2021, 29（11）：118-119.

[51] 史伟伟. 工程造价管理的信息化建设 [J]. 经济研究导刊, 2021（15）：78-80.

[52] 李慧娟. 关于工程造价领域中数字造价管理的深度思考 [J]. 中国集体经济, 2021（22）：67-69.

[53] 魏晓民. 我国建筑工程造价管理现状及改革前景探究 [J]. 居舍, 2021（20）：171-172.